LE DOYEN
DE KILLERINE,
SECONDE PARTIE.

LE DOYEN
DE KILLERINE,

HISTOIRE MORALE composée sur les Mémoires d'une Illustre Famille d'Irlande, & ornée de tout ce qui peut rendre une lecture utile & agréable.

Par l'Auteur des Mémoires d'un Homme de Qualité.

SECONDE PARTIE.

A LA HAYE,

Chez PIERRE POPPY.

M. DCC. XXXIX.

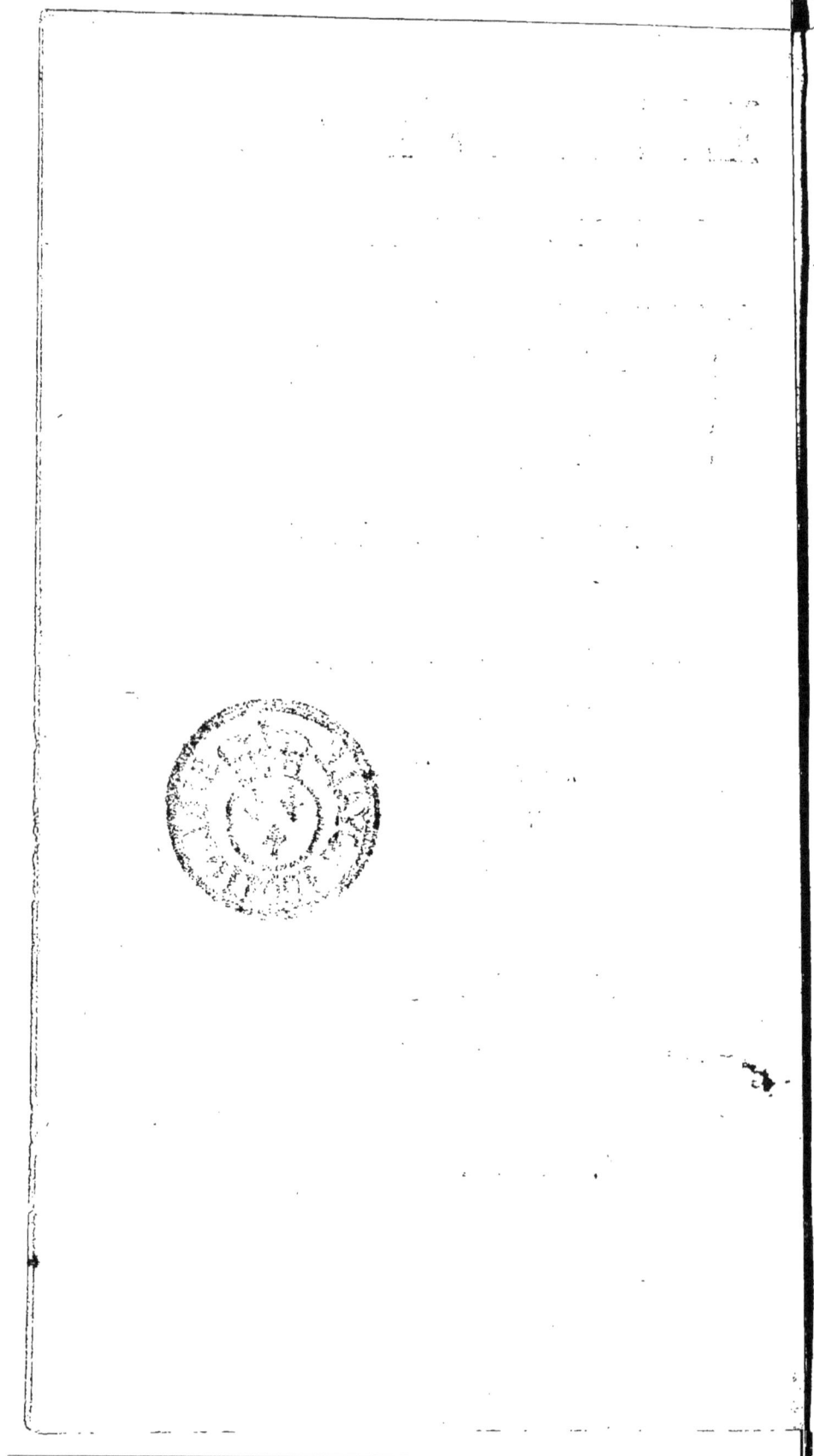

LE DOYEN
DE KILLERINE.
SECONDE PARTIE.

LIVRE TROISIE'ME.

A Peine eus-je assez de pouvoir sur mon inquiétude pour la modérer jusqu'à la fin de la nuit. Celle que j'avois conçue pour George & pour Rose, sur le récit de Patrice, fit place à des agitations dont la cause étoit plus présente; & ne croyant point qu'il y eut de tems à perdre ni de peine à ménager, je résolus de suivre le lendemain mon frere jusqu'à Dublin. Je comptois également sur la faveur de mes amis & sur son innocence; mais trop de lenteur à les

II. Partie.   A

faire valoir, nous expofoit à des embarras dont la durée étoit incertaine, & je ne perdois pas de vûë les dangers de Paris, jufqu'à oublier que George & Rofe avoient droit à une partie de mes foins.

Le jour commençoit à paroître, lorfque me difpofant à partir, je fus averti qu'un Gentilhomme du voifinage me demandoit à ma porte avec beaucoup d'empreffement, & qu'il me faifoit prier de l'aller recevoir moi-même, fans m'offenfer d'une incivilité qu'il étoit fûr que j'approuverois, lorfqu'il m'en auroit appris la caufe. Je connoiffois fon nom, mais j'avois fi peu de liaifon avec lui, que le tems & les formalités de fa vifite auroient pû me caufer de l'effroi dans d'autres circonftances. Cependant un moment de réflexion fur l'importance dont il étoit de ne rien négliger pour l'intérêt de mon frere, me fit defcendre fans balancer. Je trouvai le Gentilhomme à cheval. Il baiffa la tête pour me demander fi je pouvois faire écarter mes domeftiques. Oüi, lui dis-je, en le confiderant au vifage, où je croyois remarquer de l'émotion. Il me preffa de les éloigner avec tant de foin, que nous pûffions gagner ma chambre fans être apperçus. Je n'eus pas de peine à le fatisfaire, & je continuois seulement de le regarder avec quelques marques de surprise. Enfin se croyant sans témoins, il mit pied à terre, & me laissa voir une valise fort épaisse, qui étoit cachée auparavant sous son manteau. N'ayez aucune défiance de mon honneur, me dit-il, en attachant la bride de son cheval au mur; aidez-moi à transporter ce fardeau dans votre cabinet, où je remets à vous expliquer le secret de ma visite. L'obscurité n'étant pas encore assez éclaircie pour lui faire craindre les regards de mes voisins, il ne paroissoit inquiet que de la part de mes domestiques, & il me demanda de nouveau si j'étois sûr de les avoir éloignés. Dans quelque allarme que pussent me jetter tant de précautions, je cédai à ses instances, par la seule crainte de blesser un homme d'honneur, en lui marquant de la défiance.

Le poids du fardeau surpassoit beaucoup sa grosseur. Nous le portâmes néanmoins sans nous trahir par aucun bruit. Dilnick, (c'étoit le nom du Gentilhomme) me pressa de le renfermer dans un lieu sûr; & m'ayant proposé de m'asseoir, il baissa la voix pour me tenir ce discours. Votre sagesse, me dit-il, & le zele que vous avez fait éclater pour l'honneur de votre Maison, sont deux garans de votre discrétion & de la confiance des personnes qui m'employent. Ce n'est pas ma propre vie que je viens remettre entre vos mains, mais celle qui s'abandonne à vous, doit vous être encore plus précieuse. Vous connoissez Sara...., la fille unique du malheureux Fincer mon parent & mon ami. L'indiscrétion, ou plutôt la foiblesse de son pere, qui a exposé l'honneur du vôtre par de fausses imputations, & qui vous a causé des embarras dont vous n'êtes pas encore délivré, ont pû vous la faire regarder comme une ennemie de votre famille. Vous en prendrez d'autres idées en apprenant que c'est par ses ordres que je suis ici, & que les richesses que je vous ai apportées, sont un secours qu'elle vous envoye pour votre défense & pour celle de Patrice. Elle a sçû cette nuit, par le bruit qui s'en est déja répandu dans le voisinage, que votre frere fut arrêté chez vous hier au soir, & qu'un ordre de la Cour le fait conduire à Dublin. Il est clair que c'est la derniere persécution qui se renouvelle. Les fraix de vos propres affaires & le désordre de votre bien, lui font juger que vous n'êtes pas dans l'abondance; elle a recueilli non-feulement tout ce qu'elle avoit d'argent comptant, mais jufqu'à fes diamans & fa vaiffelle, pour vous fournir les moïens de foutenir votre innocence, & de mettre promptement la liberté & la vie de Patrice à couvert. Je voulus interrompre Dilnick, & lui marquer l'admiration que je devois à cette générofité. Il me conjura de lui laiffer la liberté de continuer.

Sara, reprit-il, eft une fille pleine d'efprit & de charmes. Avec ces perfections naturelles, elle a les fentimens dignes de fa naiffance. Une fomme d'argent & quelques bijoux, n'eft pas ce qu'elle peut offrir de plus précieux. J'ai pénetré le fecret de fon cœur; & trop heureux qu'elle ait crû devoir quelque confiance à mon amitié, je l'ai exhortée à fuivre des inclinations qu'elle peut confeffer fans honte. Elle a vû Patrice. L'éloge ardent qu'elle m'a fait de fon mérite, & les allarmes où elle eft tombée cette nuit à la premiere nouvelle de fon malheur, m'ont fait découvrir ce qu'elle ne penfoit point à m'apprendre. Le hazard m'avoit conduit chez elle. Je l'ai preffée de ne pas s'ouvrir à demi. Les liens du fang & ceux d'une longue familiarité justifioient mes instances. Elle m'a confessé que dans le peu de tems que Patrice a passé chez elle, il a touché vivement son cœur; qu'elle se flatte aussi d'avoir fait quelque impression sur le sien; que n'en pouvant juger néanmoins que par des apparences équivoques, elle ne s'en croyoit pas plus autorisée à se livrer à son penchant; mais que de quelque maniere qu'il fut disposé pour elle, il ne lui seroit pas aisé de vaincre des sentimens si tendres, & que pour se satisfaire du moins par un endroit si sensible, elle vouloit employer tout ce qui dépendoit d'elle à lui procurer la liberté. Loin de combattre sa résolution, continua Dilnick, je lui ai représenté que je connoissois peu de Partis sur lesquels elle put jetter les yeux avec tant de bienséance & d'honneur; que votre frere étoit à la verité sans bien, mais qu'avec sa naissance & ses qualités naturelles, il n'y avoit point de fortune à laquelle il ne pût aspirer; que pour elle, son âge, la retraite & la vieillesse de son Pere, ses richesses & sa qualité d'heritiere unique, tout s'accordant enfin à la faire penser au mariage, elle ne seroit condamnée de personne, lorsqu'elle auroit suivi l'inclination de son cœur pour disposer de sa main, & qu'avec mille raisons de louer son choix, on auroit celle de le voir servir à la réconciliation des deux Maisons illustres, que les malheurs du tems avoient divisées. Elle a reçûë ma réponse avec des larmes de joye. Elle s'est reposée sur moi du soin de son bonheur, & toujours possédée de ses craintes présentes, elle n'a pas pris un moment de repos pendant toute la nuit pour se rendre utile à la liberté de Patrice. Je me suis chargé avec plaisir, ajouta Dilnick, de vous apporter ce qu'elle a jugé de plus propre à vous secourir dans un premier trouble, & je ne lui ai pas caché que pour abréger les difficultés que votre délicatesse pourroit m'opposer, je commencerois par faire usage avec vous de sa confidence & du pouvoir qu'elle m'a donné de la servir.

Chaque partie de ce discours me parut mériter plus de réflexion que je n'en étois capable dans la necessité où je me trouvois d'expliquer aussi-tôt mes pensées par ma réponse. Les sentimens de Sara pour Patrice étoient propres à m'inspirer pour elle autant d'estime que de reconnoissance; mais je me souvenois du récit de mon Frere, que j'avois entendu quelques heures auparavant, &

comment m'imaginer que le cœur plein de sa Julie, il eut pû s'engager dans un nouvel amour, qu'il falloit l'accuser de m'avoir déguisé ? Cependant, sans cette supposition, je ne pouvois ni m'expliquer juste sur les ouvertures favorables que je recevois, ni accepter avec honneur un secours que Sara ne destinoit point à l'amant d'une autre. En rendant justice à sa générosité, je comprenois ce qu'il falloit attribuer à sa tendresse. L'une étoit clairement le motif de l'autre, & la probité ne me permettoit pas d'abuser de son erreur. Dans cette incertitude, je pris le seul parti qui pouvoit m'en délivrer. Ma chaise étoit prête pour le voyage de Dublin. Sans m'ouvrir à Dilnick, je le priai de trouver bon que je l'accompagnasse sur le champ chez sa parente, n'apportant pour prétexte que l'excès de ma reconnoissance, qui ne pouvoit différer plus long-tems à s'exprimer. Mon espérance étoit qu'en m'acquittant d'un si juste devoir, je me procurerois adroitement quelques lumieres sur les dispositions de Patrice, & que suivant la conduite qu'il auroit tenue avec son Amante, je reglerois tout à la fois l'opinion que je cherchois à me former de ses desseins, & les marques d'approbation que je ne pouvois leur refuser.

La diſtance étoit courte. Nous trouvâmes Sara, qui paroiſſoit attendre avec impatience le retour de ſon Confident. L'ardeur qu'elle ne put moderer en l'appercevant, fut refroidie tout d'un coup par la ſurpriſe qu'elle eut d'apprendre que je le ſuivois. J'avois prié Dilnick de me précéder de quelque pas, pour la prévenir ſur mon arrivée. Il lui rendit compte en peu de mots de toutes les circonſtances de ſon voyage; du moins ſa rougeur me fit-elle juger en la ſaluant qu'elle me croyoit informé de tout ce qui ſe paſſoit dans ſon cœur. Cette penſée me fit employer des termes fort ſimples pour ménager ſa modeſtie. Elle répondit à mes remercimens, qu'elle ſe croyoit fort heureuſe, ſi Dilnick qui lui avoit propoſé d'accorder ſa main à mon Frere, m'avoit bien expliqué toute l'eſtime qu'elle avoit effectivement pour lui, & l'honneur qu'elle croyoit ſe faire en s'alliant avec ma famille; que ſon Pere en quittant l'Irlande, où ſon malheur ne laiſſoit guéres eſpérer qu'il pût jamais reparoître ouvertement, lui avoit permis, par un écrit ſigné de ſa main, de chercher honnêtement l'occaſion de

A v

se marier; que le penchant qu'elle s'étoit senti pour mon Frere avoit été déterminé par la nouvelle disgrace qui venoit de nous arriver dans sa personne; qu'elle confessoit, à la honte de son pere, que nous n'en devions accuser que lui; que cette raison même servoit à lui rendre Patrice plus cher, & à lui faire regarder l'offre qu'elle lui faisoit de son cœur & de son bien comme une juste réparation du mal qu'il souffroit injustement; que son pere, dont elle ne craignoit pas d'expliquer les intentions, approuveroit infailliblement son dessein par les mêmes vûës : & me proposant de la suivre dans son cabinet, je vous ferai voir, me dit-elle, dans sa derniere Lettre des sentimens qui ne sçauroient être suspects. Elle me remit en effet une Lettre assez récente, où parmi quantité de reproches qu'il se faisoit de sa conduite, il s'accusoit particulierement d'avoir violé la reconnoissance & l'attachement qu'il devoit à mon pere & à notre famille. Que j'appréhende, ajoutoit-il, que mes fausses dépositions ne deviennent funestes à ses enfans, & que leur infortune ne fasse quelque jour la honte de ma mémoire ! J'arrêtai sa fille : cette piéce, lui dis-je, est d'une importance extrême pour Patrice, & vous ne pouvez être si bien disposée pour lui, sans la faire servir à sa justification. Elle comprit dans quel sens une Lettre de cette nature pouvoit lui être utile, & je la vis quelques momens suspenduë entre ce qu'elle croyoit devoir à l'honneur de son pere, & l'interêt de son amant. Mais lui ayant représenté qu'il y avoit plus de gloire à rétracter une imposture, que de honte à l'avoir commise, & que le Public mettoit d'ailleurs une juste différence entre les fautes volontaires, & celles où l'extrémité de certaines situations peuvent entraîner les plus honnêtes gens, elle me confia sans peine cette espéce de rétractation, dont j'espérai les plus favorables effets pour mon frere.

Des procédés si nobles & si désintéressés augmenterent tellement l'estime que je croyois déja devoir à cette généreuse fille, que je lui souhaitai dès ce moment, au fond du cœur, tout le retour de tendresse & de fidelité qu'elle paroissoit attendre de Patrice. Je me hâte de faire cet aveu, pour attirer l'attention de mes Lecteurs sur la justice & la force des raisons qui m'engagerent insensiblement dans la plus fatale démarche où le Ciel ait jamais permis que la prudence humaine m'ait entraîné. Je conçus de l'affection pour la belle Sara, & je l'en crus digne. Sa fortune, qui étoit seule un avantage considérable pour mon frere, ne me prévint pas plus en sa faveur que l'excellence de son naturel & les témoignages que je recevois de sa vertu. Que pouvoit-il arriver de plus heureux à Patrice que de se trouver tout d'un coup dans l'opulence, & de la devoir à une femme aimable, dont la sagesse & les charmes pouvoient fixer si agréablement l'inquiétude naturelle de son caractere ? Je ne balançai point à m'expliquer d'une maniere conforme à ces réflexions. Cependant le souvenir du récit de Patrice me laissant quelque sujet de défiance, j'aurois souhaité d'être éclairci sur les raisons que Sara pouvoit avoir de lui croire du penchant pour elle. Je pris occasion d'une réponse modeste qu'elle fit à mon discours. Mon frere seroit un monstre, lui dis-je, s'il ne sentoit pas le prix de votre cœur. Il ignore vos bienfaits, mais je ne doute pas que dans l'occasion qu'il a euë de vous entretenir, il ne vous ait fait connoître qu'il est capable de distinguer votre mérite, & de s'attacher à vous par estime autant que par reconnoissance. Elle me répondit avec le même air de modestie, que sans s'être expliqué sur ses sentimens, il avoit parû trouver quelque satisfaction à la voir, & qu'elle croyoit pouvoir interpréter bien des choses en sa faveur. Cette réponse n'étant pas suffisante pour lever mes craintes, je lui témoignai plus ouvertement, que malgré le désordre de notre fortune, qui rendoit les sommes qu'elle m'avoit envoyées fort utiles à la situation de Patrice, je ne croyois pas que l'honneur me permît d'en faire usage sans l'avoir informé de son bonheur. Je pars pour Dublin, ajoutai-je; la rigueur avec laquelle on le traite, n'ira pas jusqu'à me faire interdire la liberté de le voir. Je me flate de vous raporter dans peu de jours les expressions de sa reconnoissance, & la confirmation de tout ce que vos bontés m'en font augurer. Elle comprit à la fin ce qui causoit mon scrupule. Ses plaintes me firent naître une nouvelle admiration: quoi ! me dit-elle, indépendamment de ma tendresse, dont je ne dois plus faire mistere, faites-vous un si grand mérite à l'estime, d'aider un voisin malheureux de quelque argent superflu ? Me refuseriez-vous le même service dans les mêmes situations ? Elle s'obstina à rejetter toutes mes excuses, & je n'obtins la liberté de partir, qu'après lui avoir promis de retourner chez moi pour me charger d'une partie de ce qu'elle m'avoit envoyé. Dilnick s'engagea, pour lui plaire, à faire avec moi le voyage de Dublin, & à l'informer promptement du succès de notre entreprise.

Dans les idées que j'ai expliquées, je conçus que de quelque maniere que Patrice fut disposé pour elle, la reconnoissance seroit un motif de plus pour le faire consentir à nos propositions, & que je ne pouvois prendre une meilleure voye pour lier un cœur aussi sensible que le sien. Cette réflexion diminua la répugnance que j'avois à profiter de la génerosité d'autrui. Nous prîmes Dilnick & moi dix mille francs, qui font une somme considerable en Irlande. Patrice n'ayant rien à se reprocher, & la séverité du gouvernement n'étant excitée que par des soupçons, je n'appréhendois point qu'on se portât contre lui à des extrémités violentes. Mais je connoissois par expérience la lenteur des procédures de la Cour, & partagé comme j'étois par d'autres inquiétudes, je portai sur toute la route un fond de tristesse qui étonna Dilnick. Il ne l'attribua qu'à la crainte qui m'allarmoit pour mon frere ; & s'efforçant d'interrompre les rêveries aufquelles je me livrois continuellement, il me raconta comment il avoit contribué à l'évafion du pere de Sara.

Le Château de Dublin, qui fert de prifon aux criminels d'Etat, eft un ancien édifice, fortifié de plufieurs Tours inacceffibles, où les prifonniers font gardés avec beaucoup de vigilance. Fincer étoit renfermé dans une des plus épaiffes, & fes amis après mille tentatives, défefperoient de s'ouvrir une voye jufqu'à lui. Sa perte néanmoins paroiffant inévitable, on appréhendoit toujours qu'à l'extrémité de fa vie, quelques allarmes de confcience ne lui fiffent reveler le nom de fes complices, & les meilleures Familles d'Irlande attendoient cette cataftrophe en tremblant, par la crainte d'y être mêlées dans la perfonne de quelque parent ou de quelque ami. Dilnick, intéreffé pour lui-même, forma le plan d'un artifice que tout autre n'auroit pas exécuté fi heureufement. Sa demeure habituelle étant dans une Terre éloignée de la Capitale, il craignoit peu d'être reconnu à Dublin. Il acheva de se précautionner contre ce péril en se déguisant sous l'habit d'un Bourgeois. Cet habillement convenoit d'ailleurs à son projet. Il sçavoit, par le soin que ses amis avoient eu de s'informer des moindres circonstances, que le Concierge particulier de la Tour, qui servoit de prison à Fincer, étoit un homme marié, & pere de plusieurs enfans. Sous divers prétextes il trouva le moyen de se faire connoître d'une de ses filles; & sans s'arrêter à la beauté, il jetta les yeux sur celle à qui il crut le plus d'empressement pour le mariage. La proposition de l'épouser suivit de près les premieres déclarations de tendresse. Pour se faire agréer du pere, il parla d'une somme considérable qu'il cherchoit à placer, & lui ayant demandé s'il connoissoit quelque personne de confiance dont il put suivre les lumieres, il lui proposa de prendre ce soin lui-même. Ensuite son attachement & son estime paroissant augmenter par dégrés, il l'associa aux profits de son commerce, sans autre condition que de se charger de le conduire. Le Geolier se crut trop heureux du changement qu'un gendre si crédule alloit mettre dans sa fortune. Il lui promit sa fille, en touchant la somme promise, que Dilnick avoit ramassée effectivement dans la bourse d'une multitude d'amis. On avoit évité avec soin dans cet intervalle, de prononcer le nom de Fincer, & même de faire connoître qu'on fut informé de ses affaires, ou sous la garde de qui il étoit. Mais après avoir remis la somme au Concierge, Dilnick avoit ajouté sans affectation qu'il lui en étoit dû une autre dont il appréhendoit beaucoup de n'être jamais payé, parce qu'il avoit négligé quelques formalités qui manquoient à l'Obligation, & que son débiteur étant un des conjurés que la Cour avoit fait arrêter, il y avoit peu d'apparence qu'il pût rien obtenir d'un homme qu'il ne reverroit peut-être jamais. L'avidité du gain faisant naître la curiosité du Concierge, il lui nomma naturellement Fincer. Ce détour parut si peu suspect, qu'il parvint sur le champ à son but. On ne sçauroit même accuser le Concierge d'avoir violé son devoir. Il rendoit service de bonne foi à un homme qu'il regardoit déja comme son gendre. Dilnick, introduit dans la prison de Fincer, réüssit sans peine à le faire entrer dans le sens de sa visite & de son discours. Il n'étoit question d'abord que de lui glisser un billet, par lequel il vouloit l'avertir du dessein qu'on avoit de le sauver. Mais Fincer tira parti sur le champ des circonstances, & se procura lui-même la liberté de l'entretenir plusieurs fois, en reconnoissant qu'à la verité il lui devoit une somme considerable, mais obscurement expliquée dans les mémoires qu'il avoit reçûs, & qui demandoit par conséquent de nouveaux comptes. L'avarice du Concierge fut trompée de nouveau par une réponse si simple. Il consentit à leur accorder le tems de s'éclaircir. Dilnick le mit à profit dans plusieurs visites, pour fournir à son ami divers instrumens qui pouvoient faciliter sa liberté. Cependant un stratagême encore plus heureux lui épargna la peine de les employer. La confiance du Concierge encouragea Dilnick à lui montrer enfin une obligation nette & précise, qui paroissoit lui assurer le payement de sa somme ; mais en feignant de n'avoir plus rien à démêler qu'avec l'Intendant ou les héritiers de son débiteur, il marqua tant de satisfaction de la facilité avec laquelle il avoit obtenu ce qu'il désiroit, qu'il engagea aisément le Concierge à partager sa reconnoiſſance. On convint que pour en marquer quelque choſe au priſonnier, on porteroit ſecretement de quoi ſouper dans ſa chambre. La fille promiſe à Dilnick fut la ſeule qui fut admiſe à cette fête avec ſon pere. Fincer eut l'adreſſe de ſe les attacher de plus en plus, en commençant la partie par un préſent de nôces, qu'il fit génereuſement aux prétendus époux. Ce fut au milieu de la joye que le vin & cette galanterie avoient inſpirée aux convives, que Dilnick tua le pere d'un coup de poignard, tandis que Fincer menaçoit la fille du même ſort ſi elle pouſſoit le moindre cri. Leur deſſein étoit de la faire ſervir à leur évaſion, en ſe faiſant accompagner d'elle juſqu'à la porte, & Fincer s'étant revêtu des habits du Concierge ſe promettoit de paſſer ſans difficulté à la faveur des ténebres. Mais cette malheureuſe fille, épouvantée du meurtre de ſon pere & de ſon propre péril, tomba dans un évanoüiſſement ſi profond, que déſeſperant de lui faire rappeller ſes eſprits, ils ſe hâterent de fuir. Le danger de la porte étoit moindre que celui du délai Fincer paſſa heureuſement ſous l'habit du Concierge; d'ailleurs leurs amis les attendoient pour favorifer leur fortie ; & quantité de relais, placés de longue main fur la route, les rendirent au bord de la mer avant la fin de la nuit.

Il feroit admirable, me dit Dilnick en finiffant ce récit, que nous trouvaffions votre frere dans la Tour d'où j'ai tiré Fincer. Vous en fçavez les routes, répondis-je en foûriant ; mais vous auriez à craindre de ne pas trouver là famille de votre beau-pere fi favorablement difposée. Ce difcours, qui n'étoit qu'un badinage, fut vérifié par des évenemens férieux. La premiere nouvelle que j'eus du fort de Patrice, fut qu'il étoit gardé en effet dans la même Tour d'où Fincer s'étoit fauvé. Toute la Ville étoit déja informée de fon avanture, & le fouvenir de la mienne, qui étoit toute récente, fervoit à échauffer encore plus la curiofité du Public. Je recommandai à Dilnick de ne pas fuivre imprudemment fon zele. N'ayant rien à ménager pour moi-même, je me rendis fans crainte au Palais du Viceroi, où j'eus la fatisfaction de me voir reçû avec quelques marques de confidération. Ce Seigneur me fit introduire ; en prévenant mon difcours, il fe juftifia honnêtement de la néceffité que fon emploi lui imposoit de faire violence à son inclination, pour soutenir les droits de la Couronne & l'autorité du Roi. Si votre frere est innocent, ajouta-t'il, je m'empresserai de réparer le chagrin que je lui cause. Je le pressai là-dessus d'écouter ce que j'avois à dire pour sa défense. Il me refusa cette faveur, sous prétexte que le jugement d'une affaire si importante ne dépendoit pas de sa seule autorité. La permission de le voir, à laquelle je fus obligé de me réduire, me fut venduë plutôt qu'accordée; car je ne l'obtins qu'à condition de me faire accompagner d'un Garde ou d'un Messager d'Etat, qui devoit être témoin de notre entretien.

C'étoit néanmoins une grace précieuse, & que je me hâtai de mettre à profit. Dans la crainte seulement qu'elle ne me fut pas accordée plus d'une fois, je retournai au lieu où j'avois laissé Dilnick, & je convins avec lui des conseils que je devois donner à mon frere. Il me recommanda de lui porter mille écus, qui pouvoient lui être nécessaires à plus d'un usage; & m'expliquant particulierement ses vûes, il m'assura que si dans les premieres interrogations il ne se trouvoit rien d'assez considérable à sa charge, pour faire prendre aux procédures une couleur de *haute trahison*, il n'y avoit point un seul Habitant de Dublin à qui l'espoir de la plus legere récompense ne fît tout entreprendre pour sa liberté. C'est ce que j'ai vérifié, ajouta-t'il, dans l'affaire de Fincer. La rareté de l'argent le rend si cher aux Irlandois, qu'ils se le procurent à toutes sortes de prix ; mais les exécutions terribles par lesquelles on a voulu cimenter l'autorité Royale, ont répandu tant d'épouvante à Dublin, que vous verrez pâlir tout le monde au seul mot de haute trahison. Il m'engagea à mettre cette remarque par écrit, & à cacher le papier dans la bourse où je mettois les mille écus. Je ne me flatte pas, lui dis-je, que mon Argus m'accorde la liberté de remettre la bourse sans l'avoir visitée. Commencez par le gagner lui-même, répliqua Dilnick. Cent pistoles vous rendront le maître de toutes ces ames vénales. Je compris que cette entreprise étoit possible ; mais j'étois arrêté par deux scrupules : l'un causé par mes principes de religion, qui ne me permettoient pas de séduire un homme à prix d'argent pour lui faire violer son devoir ; l'autre, par la délicatesse de l'honneur, qui me faisoit regarder comme une bassesse d'employer l'argent de Sara au service de mon frere, sans sçavoir si je le trouverois disposé à l'épouser. Cependant cent pistoles n'étant point une somme si considerable, que mes propres revenus ne fussent suffisans pour la restituer, j'aurois passé sur cet obstacle, si l'autre n'eut agi sur moi dans toute sa force. Je fis l'aveu de mon embarras à Dilnick. Il le traita de foiblesse ; mais n'ayant pû me faire changer de pensée, il me laissa partir sans la combattre plus long-tems.

Je me rendis au Château, conduit par le Messager d'Etat que le Viceroi avoit nommé. Patrice fut attendri de ma diligence à le suivre & des premieres expressions de mon amitié. Hélas! me dit-il, ce n'est ni ma vie ni ma liberté qui cause mes craintes ; mais que deviendra ma sœur? Qui sollicitera pour mon frere? Vous ne vous figurez pas, ajouta-t'il, toute l'horreur de leur situation, puisque c'est à moi que vous vous croyez redevable des premiers soins. Allez, partez pour Paris, où votre présence est plus nécessaire qu'à Dublin; & sous quelque prétexte qu'on me retienne ici, remettez-vous au Ciel du soutien de mon innocence. Je loüai la tendresse de son naturel; mais comment voulez-vous, lui répondis-je, que l'objet le plus présent ne soit pas celui qui cause ma plus vive allarme. Vous laisserai-je périr sans secours, pour en porter au loin, & peut-être d'inutiles à votre frere & à Rose, dont vous ne m'avez pas même représenté le danger comme une extrémité si pressante? Patrice m'interrompit: je crois, Georges, me dit-il, à couvert de certaines craintes. Mais le malheur qui m'arrive me force de vous ouvrir mon cœur sur d'autres sujets d'inquiétude, que la seule envie de vous ménager m'a fait déguiser dans mon récit. Rose est vertueuse; n'en doutez pas. Elle a supporté notre infortune avec courage; elle paroît insensible à la sienne; mais elle est à la veille de tomber dans la derniere indigence. Les soins amoureux du Duc de.... ne se relâchent pas un moment. Etrangere, jeune, crédule.... dispensez-moi de vous faire pressentir tout ce qui la menace. La vertu la plus ferme a besoin de secours; & qui vous assure qu'un instant négligé n'entraîne pas quelquefois des suites irréparables? Il vouloit continuer, mais son discours avoit déja fait

fait trop d'impreſſion ſur moi. L'air même d'obſcurité qu'il paroiſſoit affecter, avoit ſervi à redoubler mon trouble. Je l'interrompis à mon tour, mais avec un ſentiment ſi vif & ſi amer, que je ne fus pas ſurpris de l'effet qu'il produiſit. Secours du Ciel ! m'écriai-je, n'abandonnez pas une fille infortunée. Hélas! Patrice ! pourquoi me déchirez vous le cœur ? Je vous y porte tous trois, mais que vous le diviſez cruellement ! Affreux partage ! Où dois-je tourner ? où courir ? où porter les premiers remedes ? Devois-je quitter Paris ! Mais pourquoi mépriſiez - vous mes conſeils ? Mille plaintes de cette nature, que je laiſſai échapper dans mon tranſport, touchèrent ſi ſenſiblement le Meſſager d'Etat, qu'il mêla à notre entretien quelques marques civiles de compaſſion. L'ardeur avec laquelle nous nous étions livrés d'abord au plaiſir de nous revoir, ne nous avoit guéres permis de faire attention, que nous étions obſervés, L'expreſſion naturelle de nos peines avoit amolli ce caractere farouche. J'en fus frappé ; malgré les mouvemens qui m'agitoient, & je crus que la reconnoiſſance étoit une juſte raiſon de le récompenſer. Je lui offris une partie de la ſom-

II. Partie.   B

me que Dilnick avoit crûe capable de le corrompre. La difposition où j'avois intérêt de le mettre, n'étoit que celle où il entroit naturellement, & je n'avois rien à lui propofer qui ne pût s'accorder avec fon devoir. Il reçut avidement mes offres. Son zele augmenta, & ne voyant que de l'innocence, nous dit-il, dans tout ce qu'il venoit d'entendre, il nous permit de traiter nos affaires domeftiques à l'écart.

Je puis donc m'expliquer en liberté, dis-je auffi-tôt à Patrice. Hélas! quel contre-tems! Comment puis-je vous laiffer dans le péril où vous êtes, fi je vole au fecours de Rofe? & dois-je abandonner auffi notre malheureufe fœur au bord du précipice où vous me la repréfentez. Je fens, continuai-je en arrêtant l'impatience qu'il avoit de me répondre, je fens, mon cher Patrice, qu'avec un peu de préfence & de fermeté d'efprit vous pouvez réfifter à nos perfécuteurs & faire triompher votre innocence. Je fuis forti heureufement des mêmes embarras. Mais votre caractere m'épouvante. Je crains votre maniere de penfer fur les évenemens de la vie, & cette indifférence mélancolique que vos dernieres avantures n'ont fait que redoubler. Vous vous défendrez mal; vous vous abandonnerez vous-même à l'injustice, en vous croyant assez vengé par vos dédains. Vous êtes capable de servir mieux que personne à la défense d'autrui, & vous ne ferez rien pour la vôtre. Vous laisserai-je ici dans un doute si cruel, & n'exposerai-je pas plûtôt ma vie pour assurer celle d'un frere qui m'est si cher ? Ah ! repris-je en l'embrassant, que n'êtes-vous en état de goûter un conseil qui répareroit tous nos malheurs ! Vous mettriez le repos & l'honneur de Rose à couvert, vous faciliteriez la liberté de Georges ; vous me retiendriez auprès de vous pour avancer la vôtre ; vous rétabliriez notre Maison dans son ancien lustre ; enfin, vous deviendriez le soutien & la gloire d'une malheureuse famille, qui paroit toucher à sa ruine, & qui ne peut être relevée que par vous. Je ne vous nomme point des avantages chimériques. Tous les biens que j'ai comptés sont entre vos mains. Je vous les offre, & je vous conjure de les accepter.

Je le regardois fixement, en m'efforçant de mettre dans mes yeux tout l'air de confiance & de joye, que je ne devois avoir qu'après l'assurance de ce que je désirois. De son côté il paroissoit inquiet & agité, comme s'il eût pressenti à quoi mes propositions alloient aboutir. Mais, doutez-vous, me répondit-il, que je n'embrasse avec ardeur tout ce qui peut nous conduire à tant de biens, du moins si c'est par des voyes dignes de nous. Non, je n'en doute pas, répliquai-je, si vous avez quelque tendresse pour votre famille, si l'intérêt de Rose vous touche, si vous êtes sensible au mérite, à la générosité, au désir qu'on a de vous plaire & d'acheter votre cœur par mille bienfaits. Ensuite, sans lui laisser le tems de se reconnoître, je continuai de lui apprendre que Sara Fincer, dont il connoissoit la beauté & les richesses, consentoit à le rendre le maître de sa fortune & de sa personne; que Dilnick son plus proche parent m'en avoit fait la proposition; qu'elle me l'avoit confirmée de sa bouche, & que ne consultant que son inclination & son estime, elle avoit déja fait pour lui tout ce qu'un mari pouvoit attendre d'une femme tendre & vertueuse. Elle s'est dépouillée, lui dis-je, de ce qu'elle possédoit de plus précieux; elle a sacrifié son argent, ses pierreries & jusqu'à sa vaisselle; c'est vous dire qu'elle se sacrifieroit elle-même. Je ne connois rien de si modeste que son caractere, & de si tendre que ses sentimens. Voyez si c'est payer trop cher tous les avantages qui nous manquent, que de nous les procurer en un moment par le consentement que je vous demande; car vous devez comprendre qu'étant chargé des liberalités de Sara, je puis sauver Rose en vous quittant, & lui faire toucher de quoi se passer du secours d'autrui. C'est vous-même qui lui rendrez cet important service, en lui faisant part d'un bien que je n'ai accepté que pour vous. Libre de cette inquiétude, je demeure à Dublin pour vous aider de mes conseils & de mes soins. Je vous mets dans peu de jours entre les bras d'une femme aimable & passionnée pour vous. Vous devenez le chef, le protecteur, le pere de votre famille; vous faites tout à la fois votre bonheur & le nôtre. Un mot, un signe de volonté nous rend tous heureux.

Le cœur de Patrice s'étoit comme resserré à proportion des efforts que j'avois faits pour l'ouvrir. Il paroissoit consterné de m'entendre. Sa consternation s'étoit répanduë sur son visage. Hélas! que me proposez-vous, me répondit-il, en baissant les yeux? Avez-vous oublié ce que je vous racontois il y a trois jours? Est-ce mettre notre fortune & notre bonheur à des conditions possibles, que de les faire dépendre du parjure & de la perfidie? Songez-vous que je ne suis pas plus lié à Julie par mon inclination que par mes sermens; qu'elle a reçûë ma foi; qu'elle m'a donné la sienne; que je suis moins à moi qu'à elle, & que je n'ai plus de pouvoir sur un cœur où elle regne avec des droits si justes? Qui vous arrête, ajouta-t'il en soupirant? Partez pour Paris. Allez secourir Rose. Les secours qui peuvent la sauver ne surpassent pas vos forces. Et moi je n'en desire pas d'autre à Dublin que celui de mon innocence.

Il étoit trop clair que Sara s'étoit flaté mal-à-propos. Cette explication suffisoit pour arrêter l'usage que j'aurois pû faire de ses libéralités. Je ne parlai pas même à Patrice des mille écus que j'avois à lui offrir, & je remis à délibérer seul, sur le parti qui me restoit à prendre. Cependant, ayant peine à concevoir qu'une passion que je regardois comme le déreglement d'une jeunesse oisive pût tenir long-tems dans un esprit aussi sensé que Patrice contre toutes les raisons que je lui avois apportées, je l'exhortai sans faire de réponse aux siennes, à méditer sur une affaire de cette importance. M'accorder la permission de vous voir, ajoutai-je, en levant la voix pour être entendu du Messager, c'est marquer en effet qu'on ne vous croit pas digne d'être traité avec rigueur. La condition qu'on y attache n'est pas importune, puisque cet honnête homme ne nous ôte point la liberté de nous entretenir. Je vous reverrai dès aujourd'hui.

J'affectai ainsi de ne pas m'ouvrir sur les embarras de Rose, pour lui laisser toute son inquiétude, qui me paroissoit un motif puissant, sur un cœur tel que le sien. Mon projet n'étoit pas moins de prendre de justes mesures, en sortant du Château, pour faire toucher une somme honnête à ma sœur. C'étoit l'esperance de voir réüssir les desirs de Sara qui m'avoient engagé plus que la necessité à recevoir son argent, car il m'en restoit assez pour faire tête à une partie du moins de mes embarras, & je n'aurois pas désesperé de trouver d'autres secours dans la générosité de quelques amis, avec lesquels j'avois toujours eu plus de liaison qu'avec les Fincers. Je quittai donc Patrice sans lui laisser d'autre sujet de réflexion que les avantages que je lui avois proposés & ses allarmes pour sa sœur. Mais un incident cruel, contre lequel toute la droiture de mes vûës ne pouvoit me prémunir, augmenta tout d'un coup mes peines, & faillit à détruire toutes mes espérances.

Dilnick que j'avois laissé seul, ne crut pas que l'avanture qu'il m'avoit racontée fût une raison de se tenir caché dans une Ville telle que Dublin. Le changement de ses habits & le soin qu'il avoit eu de nous choisir un logement fort éloigné du Château, lui parurent deux sûretés suffisantes. Sans autres précautions il employa le tems de mon absence à visiter ses amis, qui demeuroient dans divers quartiers de la Ville. La fille du Concierge qu'il avoit poignardé, cette même maîtresse qu'il avoit feint de vouloir épouser, le reconnut au passage d'une rue écartée ; & joignant à la vengeance de son pere le ressentiment de sa propre honte, elle résolut à toutes sortes de prix de le livrer à la Justice. Quoique Dilnick fut en carrosse, elle s'obstina à le suivre à pied pendant une partie du jour, jusqu'à ce que s'étant assurée de son logement, elle crût le pouvoir faire arrêter à coup sûr. J'arrivois du Château, pour le consulter sur la voye la plus courte de faire tenir une Lettre de Change à Paris. A peine avois-je commencé à m'expliquer, qu'un bruit causé par la résistance de nos Domestiques, nous fit craindre qu'on ne pensât à nous faire quelque insulte. Je fis souvenir Dilnick qu'elle ne pouvoit regarder que lui, & je lui conseillai de se mettre à couvert par la fuite, sans faire fond comme il y paroissoit porté, sur une défense inutile. Il suivit si heureusement mon conseil, que s'étant échappé par une fenêtre qui donnoit sur le jardin, il eut le tems de s'éloigner du quartier, avant qu'on fût prêt à le suivre.

Cependant le bruit croissant par les cris de la Garde qui menaçoit d'enfoncer les portes, je me présentai pour en sçavoir la cause. J'appris de nos Domestiques, qu'à la seule vûë de plusieurs gens armés, ils avoient pris le parti de pousser une porte fort épaisse qui faisoit la séparation de notre appartement. Cette précaution sauva Dilnick, qui eut toute la liberté de se réfugier chez un de ses amis. Pour moi, qui ne croyois rien avoir à redouter, je donnai ordre à nos gens

B v

d'ouvrir la porte ; & me préfentant à la Garde, je me plaignis du trouble qu'elle caufoit chez moi. L'Officier ne me répondit que par un ordre du Viceroi, qui le chargeoit d'arrêter un ennemi du Gouvernement, & de fe faifir de tout ce qu'il trouveroit dans la même chambre. Cette commiffion qui n'étoit point expliquée dans d'autres termes, fut exécutée fur le champ. Quoique l'Officier, qui avoit pris des informations dans la Maifon, fût furpris de me trouver feul, il fe contenta de faire une recherche exacte dans tous les cabinets ; & n'écoutant ni mes juftifications ni mes plaintes, il me conduifit dans les prifons du Château, tandis que les malles de Dilnick & les miennes furent portées chez le Viceroi.

Nous n'avions heureufement avec nous, que la lettre de Fincer, que j'avois reçûe de fa fille. Cette réflexion foutint un peu mes efprits ; & m'imaginant avec raifon que le nom de Dilniek n'avoit point été connu dans fon ancienne avanture, je me flattai que lorfque l'accufation de fon ennemi ne pourroit être vérifiée par fa préfence, elle tomberoit d'elle-même avec toutes les pourfuites de la Juftice. Je prévis auffi qu'il en coûteroit quelque chofe à ma fincérité, pour répondre nettement aux interrogations ; mais j'espérois de les éluder en protestant que je n'avois jamais eu de commerce avec Dilnick, & en prouvant même par le témoignage de diverses personnes d'honneur avec lesquelles je vivois familierement, que je ne le connoissois que depuis deux jours. Cette maniere de me défendre, pouvoit servir aussi à faire soupçonner son Ennemie de s'être abusée, & d'en avoir crû trop légerement sa haine ; parce que n'ayant point de preuves à donner de son accusation, il étoit naturel dans une affaire qui touchoit l'honneur d'un homme de distinction, de s'en rapporter plûtôt à des apparences qui lui étoient favorables, qu'aux dépositions d'une fille sans nom & sans aveu. Le souvenir de Rose, fut donc le seul poids dont mon imagination ne put se soulager. Les instances de Patrice & ses expressions équivoques, me revinrent à l'esprit ; & n'ayant que trop de penchant à grossir le danger par mes craintes, je me plaignis amérement au ciel pendant toute la nuit, de l'obstacle qu'il avoit laissé naître aux secours que je destinois à la vertu.

Il arriva néanmoins, comme je l'avois prévû, que cette affaire prit bientôt un heureux cours. Le Viceroi fut surpris d'entendre que c'étoit moi qu'on avoit arrêté. il trouva si peu de vraisemblance dans l'accusation dont on l'avoit entretenu, que sans porter ses vûës plus loin, il se reprocha d'avoir fait une démarche inconsidérée, qu'il se crut même obligé de réparer par des excuses. La Lettre de Fincer ne servit qu'à le confirmer dans cette disposition, & à lui en inspirer de favorables pour Patrice. Il me fit ouvrir dès le lendemain les portes de ma prison, avec un compliment civil sur l'erreur où sa précipitation l'avoit exposé. Le premier usage que je fis de ma liberté, fut pour l'aller remercier. Il me renouvella ses excuses; & me parlant de la Lettre de Fincer, il me témoigna la satisfaction qu'il avoit eue d'y trouver un éclaircissement qu'il pouvoit faire valoir à l'avantage de ma famille, & à la justification de mon frere. Enfin soit qu'ayant mal compris le premier discours de ceux qui m'avoient arrêté, la seule honte de m'avoir chagriné mal à propos lui eût fait rejetter toutes les autres explications ; soit qu'il fût bien aise au fond d'avoir trouvé un prétexte pour ne pas réveiller une affaire ensevelie, il ne me fit pas la moindre question qui eût rapport à Dilnick. On publia donc comme une nouvelle conſtante à Dublin, que j'avois été arrêté injuſtement ſur une ridicule accuſation, & Dilnick fut ſi heureux, que ſon nom ne fut pas même mêlé dans cette avanture.

Qui ne s'imagineroit pas que mes peines touchoient à leur fin, ou que j'étois du moins délivré du principal embarras qui les avoit cauſées ? J'en avois moi-même cette opinion, & preſſé par le ſouvenir de Roſe, je ne perdis pas un moment pour me rendre à ma Maiſon, où le Viceroi m'avoit aſſuré que mes malles avoient été renvoyées par ſes ordres. Elles y étoient en effet ; mais notre argent étoit diſparu. A peine en crus-je mes yeux & ma mémoire. J'étois trop ſûr néanmoins, que non ſeulement le gros de nos richeſſes, mais les mille écus mêmes que j'avois portés la veille au Château, devoient être dans un ſac de cuir où je les avois mis à mon retour. Je n'étois pas moins certain d'avoir renfermé le ſac dans ma malle, elle avoit été enlevée à ma vûë par les Gardes du Viceroi. C'étoit ſans doute par les mêmes mains qu'elle avoit été rapportée. Il étoit clair que je ne pouvois accuſer qu'eux, & qu'ils devoient m'en répondre. Je conçus du moins l'espérance que mes plaintes seroient écoutées, & que la justice du Viceroi me feroit restituer ce qu'on m'avoit ravi sans son ordre. Je retournai sur le champ au Palais, moins émû par le ressentiment de notre perte, que par mille idées effrayantes qui me troubloient déja pour l'avenir. Le Viceroi apprit l'infidélité de ses Gardes avec une vive colere. Il fit arrêter au même moment ceux qui avoient été chargés du dépôt. Mais soins inutiles. La présence de la mort n'auroit pas fait lâcher leur proie à des misérables, qui estiment l'argent plus que la vie. Ils s'étoient trop fidélement accordés dans l'exécution de leur crime. On ne put tirer d'eux la moindre confession qui les exposât même aux procédures de la Justice. Ils protesterent constamment que la malle n'avoit pas été ouverte jusqu'au Palais, & que le Viceroi l'ayant fait visiter à ses yeux, c'étoit à lui-même qu'il falloit demander compte de ce que j'avois perdu.

Cette insolence, qui auroit merité seule d'être punie dans une autre Nation, & qui ne peut être conçûe que par ceux qui connoissent le caractére de la populace d'Irlande, n'en eut pas moins le succès que ces malheureux s'étoient promis. Le Viceroi me dit avec chagrin qu'il étoit au défefpoir de ma perte, mais que je ne devois en accufer que moi-même; & que pour être en droit d'en exiger la réparation, fuivant toute la rigueur des Loix, il eût fallu qu'au moment que j'avois été arrêté par fes gardes, j'euffe déclaré que j'avois dans ma malle la fomme que je les accufois de m'avoir ravie. Il me fit même entendre que ne pouvant les convaincre par aucune preuve, j'avois à craindre qu'ils ne me chagrinaffent à leur tour, en exigeant eux-mêmes la réparation d'une plainte qu'ils pouvoient traiter de calomnie.

C'étoit me déclarer qu'il étoit tems de finir mes pourfuites; car le témoignage de Dilnick, qui auroit pû fervir de preuve à la verité, n'étoit pas un fecours auquel il me fût permis de penfer. J'eus affez de pouvoir fur le trouble de mon cœur pour faire valoir du moins mon infortune, comme une nouvelle raifon d'indulgence; qui obligeoit un Seigneur auffi généreux que le Viceroi à ne pas faire languir Patrice dans une trop longue attente de fon fort. Il parut fenfible à ce motif, & je fortis fatisfait de fes promeffes. Mais foible confolation, lorsque me trouvant rendu à moi-même j'essuyai les assauts réunis de mille passions que je ne connoissois pas encore, & qui se joignirent à celles dont j'éprouvois déja toute la force. Mon inquiétude pour Rose & pour Patrice ne fut pas le premier tourment qui se fit sentir à mon cœur. Je pensai à cette généreuse Sara, dont l'attente étoit si malheureusement trompée, & qui perdoit avec ses tendres espérances une somme qu'elle croyoit mieux employée. Je pensai à moi-même, qui me trouvois ainsi chargé de deux sortes de dettes, auxquelles je ne voyois aucune apparence de pouvoir satisfaire ; celle de l'honneur, qui m'obligeoit à restituer un prêt dont toutes mes épargnes n'égaleroient pas de long-tems la valeur ; & celle de la reconnoissance, dont les refus de Patrice ne me permettoient jamais de m'acquitter. Quelle opinion Sara pouvoit-elle prendre de mon avanture ? Comment lui faire entendre que son argent s'étoit échapé de mes mains, & qu'elle n'en avoit pas plus de fruits à espérer de sa tendresse & de sa générosité ? Mais en supposant que par une longue privation du nécessaire je pusse me décharger du premier du moins de ces deux devoirs, que devenoit Rose, à qui je m'ôtois le pouvoir de procurer le moindre secours ? Il lui restoit l'assistance du Ciel ; mais l'a-t-elle méritée, disois-je, par son penchant pour les vaines occupations du monde & par sa résistance à mes conseils ? Et de quelque cause que vienne sa chûte, en est-elle moins terrible pour moi, soit que j'écoute l'honneur, ou que je ne consulte que la Religion ?

Je passai une partie du jour dans ces réflexions, & rien ne me paroissoit propre à calmer mon esprit, lorsque je reçûs un billet des mains d'un inconnu, qui n'ajouta rien pour expliquer le sujet de sa commission. Je le reçûs avec inquiétude ; mais avec quelque obscurité qu'il fût conçû, je n'en lus pas deux lignes sans y reconnoître Dilnick, qui se croyoit obligé par l'expérience à garder toutes ces précautions. Il me marquoit qu'étant à couvert chez un ami fidéle, il avoit été informé de toutes les suites de son avanture ; qu'il apprenoit en dernier lieu la perte de mon argent, mais que la regardant comme le moindre de nos malheurs, il m'exhortoit à m'armer de courage, & à faire fond sur de nouveaux secours qu'il se disposoit à me procurer; qu'étant lié de si près par le sang avec Sara, il prenoit déja pour Patrice tous les sentimens qu'il croyoit devoir au mari d'une parente si chere; qu'il étoit sans enfans, & que son bien ne pouvant être mieux employé, il étoit résolu d'en vendre une portion pour suppléer à ma perte; qu'il trouvoit ce parti plus convenable que celui de vendre ou la vaisselle ou les diamans de Sara, d'autant plus que cette vente entraîneroit des longueurs, & qu'il pouvoit terminer la sienne en un moment avec un de ses amis à qui il l'avoit déja proposée. La suite de sa lettre contenoit d'autres témoignages de zele, & quelques conseils qui pouvoient avancer la liberté de Patrice. Je marquai hier notre disgrace à Sara, ajoutoit-il en finissant, mais je n'ai pas jugé à propos de lui apprendre aujourd'hui le vol qu'on vous a fait, & je vous demande la même discrétion.

Nouveau sujet de reconnoissance, mais qui ne pouvoit servir qu'à redoubler les tourmens de mon cœur. Je ne balançai pas sur la réponse que je devois à cet avis; ce fut une priere pressante de ne rien entreprendre sans avoir reçû quelques explications que je lui promettois dans notre premiere entrevûe ; & louant la prudence qui l'avoit empêché de me nommer son azyle dans une lettre, je le suppliois de s'affûrer de quelqu'un qui pût me l'apprendre avec moins de danger. Dans l'ardeur des mouvemens que tant de générosité m'inspiroit, je serois parti sur le champ pour Killerine, & j'aurois employé tout mon crédit pour lever une somme d'argent, fallut-il engager jusqu'au dernier de mes meubles & tous les revenus de mon Bénefice : mais outre que je n'aurois jamais compté de faire monter mes emprunts à dix mille francs, je ne pouvois oublier de quelle importance il étoit pour Patrice que je fusse à Dublin, lorsqu'il seroit interrogé pour la premiere fois. La diligence ou la lenteur des procédures me paroissoit dépendre de cette scene, & c'eût été m'arracher le cœur que de m'éloigner de lui sans sçavoir ce qu'il avoit à craindre ou à espérer.

Je ne laissai point passer le jour sans retourner à sa prison, autant pour le délivrer de l'inquiétude qu'il avoit pû ressentir la veille de ne me pas revoir suivant ma promesse, que pour tirer de lui des explications positives sur la situation de Rose. J'espérois quelque chose aussi de mes dernieres instances, & de tant de motifs pressans ausquels j'avois laissé le tems d'agir. A l'égard de sa sœur il me répeta que sa principale crainte consistoit dans l'adresse & les intrigues du Duc de... qui s'étoit comme proposé la ruine de sa sagesse & de son honneur ; mais je reconnus encore qu'il dissimuloit une partie de ses sentimens, & je n'en fus que plus effrayé d'un péril qu'il s'obstinoit à me déguiser. Je ne remportai pas plus de satisfaction pour le second de mes désirs. Il me renouvella tristement ce qu'il m'avoit dit la veille, avec les mêmes instances de l'abandonner à son malheureux sort. Il n'étoit pas tems de lui découvrir toutes les circonstances qu'il ignoroit ; mais j'ajoutai aux raisons que je connoissois capables de toucher son cœur, diverses considérations prises des aveux mêmes qu'il m'avoit faits. Songez-vous, lui dis je, que votre Julie vous est ravie sans retour ; que vous ignorez jusqu'au lieu de sa demeure ; qu'elle est sous la garde d'un pere qui vous hait, qui lui destine un autre époux, qui l'a déja forcée, peut-être, de le recevoir ; enfin que vous n'avez rien à vous promettre de sa tendresse ni de la vôtre... Il m'interrompit en versant quelques larmes ; Vous comptez mes douleurs, me dit-il ; mais ce n'est pas un remede propre à les guérir.

J'aurois désespéré de le vaincre, si la confiance que j'avois au pouvoir du Ciel ne m'eût fait penser continuellement que le cœur des hommes est entre ses mains, & qu'il peut les tourner à son gré. Nos infortunes me sembloient dignes de sa pitié, & ne voyant que le mariage de Patrice qui pût les réparer, je l'attendois comme une faveur de sa bonté, ou j'étois disposé à le voir manquer avec cette patience qu'on a dans les malheurs dont on ne voit point la cause, & que la Religion seule apprend à souffrir sans murmurer ? Qu'aurois-je fait dans cette cruelle supposition ? Je me serois jetté aux genoux de Sara, au risque peut-être d'y mourir de douleur ; je lui aurois confessé le malheureux succès de sa tendresse & de sa générosité ; j'aurois remis à sa disposition, ma vie, qui n'étoit pas mon objet le plus cher, & le bien modique dont je joüissois ; & si la bonté de son cœur m'eût laissé l'un & l'autre, j'aurois volé à Paris pour en offrir de nouveau le sacrifice à Rose sans autre condition que d'aimer la vertu, & de suivre quelquefois mes conseils. Je me gardai bien de communiquer toutes ces idées à Dilnick, que je vis le lendemain. Il satisfit au désir que je lui avois marqué, en me faisant remettre simplement le nom & la demeure de son ami. Je compris le sens de cette adresse, & ne voulant négliger aucune précaution, je fis plusieurs détours pour me rendre au lieu qu'il m'avoit nommé. Il me reçut avec une joye qui me fit attendre quelque nouvelle favorable. En effet, me prévenant d'abord ; je ne me suis pas arrêté, me dit-il, aux difficultés que vous m'avez fait pressentir ; & craignant de manquer une occasion qui ne se retrouve pas toujours, j'ai vendu à mon hôte une portion de mon bien. Quoiqu'il le connût, ajouta-t-il en riant, j'ai gagné quelque chose à ce marché, car j'ai tiré quinze mille francs de ce qui n'en a jamais été estimé que treize ou quatorze. Comme je me récriois sur cette démarche, en la traitant d'inutile & d'inconsidérée : vous ne sçavez pas, reprit-il, que plus heureux que nous n'aurions jamais osé l'espérer après tant de traverses, nos affaires sont à la veille de se terminer ; & ne me reprochez pas d'avoir été trop vîte, car c'est à cette diligence que je dois tout le bonheur qui ne peut plus nous manquer. Il continua de m'apprendre que le matin du même jour se croyant en état d'entreprendre quelque chose avec son argent, il étoit allé chez le Président du Committé, que la Cour avoit établi pour les derniers troubles, & devant lequel l'affaire de Patrice devoit s'instruire; que n'en étant point connu, il s'étoit fait annoncer sans crainte pour un gentilhomme de notre Maison; que dès les premieres explications il avoit compris clairement qu'on n'alléguoit rien de précis à la charge de Patrice, & qu'il n'étoit question que de simples soupçons; mais que ne comprenant pas moins qu'on prendroit du tems pour les élaircir, il avoit jugé que ce que nous avions à craindre de plus dangereux étoit le délai de l'interrogatoire, & la durée d'une prison, dont nous ne verrions peut-être jamais la fin; qu'il s'étoit hazardé là-dessus à sonder le Président, & que sans parler d'indulgence pour un coupable, il avoit demandé au contraire qu'il y eût de la sévérité dans les recherches & le jugement, pourvû qu'il y eût autant de diligence; qu'il avoit ajouté seulement qu'étant aussi persuadé que cette faveur dépendoit de lui, qu'il l'étoit qu'elle ne blessoit pas son devoir, il ne faifoit pas difficulté de lui propofer des motifs qui pouvoient s'accorder avec fa confcience, & devenir peutêtre utiles à fes affaires; enfin qu'il lui avoit parlé de mille piftoles qui pouvoient être comptées au même moment; fur quoi le marché avoit été conclu; portant dans un feul article, que fi Patrice ne fe trouvoit chargé de rien, il feroit libre avant la fin du mois. Cette promeffe avoit été payée fur le champ par les dix mille livres que Dilnik avoit en or; & comme il étoit homme fenfé, la maniere dont il avoit lié, le Préfident lui répondit de l'exécution. J'allois marquer, ajouta-t'il, cette heureufe nouvelle à Sara, & vous pouvez de votre côté la communiquer à Patrice.

Son récit n'avoit pas été affez long pour me donner le tems de revenir de ma furprife, ni de mettre dans ma réponfe plus d'ordre que dans mes penfées. Je fentois palpiter mon cœur de crainte & d'embarras. Mais pourquoi vous hâtiez-vous? lui dis-je fans être fixé à ce que je voulois exprimer? Pourquoi ne pas attendre que je me fuffe expliqué avec vous? Se défait-on de fon bien, continuai je avec le même embarras, pour fervir des étrangers, du moins fans
les

les avoir consultés, sans savoir s'ils sont en état de satisfaire à des avances & à des générosités de cette nature ? Si c'est l'unique peine, répondit Dilnick, qui cause vos difficultés, calmez-vous, & n'ayez pas plus d'inquiétudes pour la reconnoissance que je ne vous impose d'obligation pour le bienfait. Sara doit hériter de mon bien ; qu'importe qu'elle le reçoive aujourd'hui ou après ma mort, lorsqu'il m'en reste assez pour continuer de vivre avec agrément ? Je sais, ajouta-t-il, que je la flatte par l'endroit le plus tendre, & qu'elle préféreroit le service que je viens de lui rendre à tout mon héritage.

Plus touché encore de ces sentimens que de leurs effets, je ne repliquai que ce qu'il falloit pour faire connoître que je leur donnois leur juste prix ; & quittant Dilnick sous quelque prétexte, je me rendis au château avec toute la vîtesse dont je fus capable. Mon impatience souffrit beaucoup du détour que je fus obligé de prendre pour me faire accompagner du Messager d'Etat. Chaque moment de délai me sembloit une perte pour l'honneur de Patrice, pour le mien, pour la tendresse de mon cœur, enfin pour tout ce que j'avois de cher & de sacré.

II. Partie. C

Il n'eſt plus tems de ménager les termes, dis-je à Patrice en l'abordant, ni d'écouter une vaine tendreſſe, lorſqu'il faut ſe rendre à la voix de l'honneur. Et lui racontant ſans interruption tous les droits que les Fincers avoient acquis ſur lui, voilà, repris-je avec force, ce que j'oppoſe à vos prétextes & à vos excuſes. Si l'on vous offroit avec un cœur ſi noble, un viſage rebutant, ou quelque autre difformité de corps & d'eſprit, je vous plaindrois peut-être d'une néceſſité à laquelle vous ne ſeriez pas moins obligé de vous ſoumettre. Mais la naiſſance, la beauté, les richeſſes, unies à toutes les qualités de l'eſprit & du cœur, ne ſont pas une offre qui mérite vos dédains. En un mot vous êtes lié. Vous n'êtes plus libre de choiſir. Accuſez ſi vous voulez le caprice de votre ſort, qui vous rend malgré vous l'eſclave des bontés d'autrui, & plaignez-vous d'un excès de bonheur, auquel mes ſoins n'ont pas eu plus de part que les vôtres ; mais cette plainte même doit demeurer renfermé au fond de votre cœur, & vous ne pouvez manquer d'amour & de reconnoiſſance pour Sara, ſans vous couvrir d'un opprobre éternel. Je ne fais plus valoir, ajoutai-je, les raiſons qui étoient priſes auparavant de notre propre intérêt. C'est à vous de voir si elles ont perdu leur force, & jusqu'à quel point le malheur de Rose peut vous toucher.

Il m'écoutoit les yeux baissés, avec plus d'agitation qu'il n'eût entendu la sentence de ses Juges. Vous m'accablez, me dit-il, impatiemment ; & vous êtes de concert avec ceux qui veulent ma perte. Je connois Sara Fincer. Je confesse tout ce que vous dites de ses charmes. Mais si je dois de l'estime à son mérite & de la reconnoissance à ses bienfaits, je ne suis obligé par aucun droit de me livrer à ses vûës, & de me rendre la victime d'une inclination que je n'ai pas eu dessein de lui inspirer. Si elle ne demandoit que ma vie, je ne lui disputerois rien. Vous exigez pour elle un cœur qui n'est plus à moi, & quand des raisons plus invincibles me forceroient d'accepter l'offre de sa main, je sens que tous ses charmes n'obtiendroient jamais de moi ce que je ne suis plus le maître d'accorder. Je lui répondis que l'honneur & l'habitude, supléeroient à la vivacité de l'inclination ; & que le plus solide fondement du mariage étant l'estime, il en trouveroit une source perpétuelle dans le mérite qu'il attri-

C ij

buoit lui-même à son épouse. A l'égard des réponses par lesquelles il croyoit satisfaire à mes instances, je les lui reprochai comme une ingratitude ; & reprenant en détail toutes les circonstances de la conduite & de la générosité de Sara, je le réduisis à reconnoître en soupirant, qu'elle méritoit les adorations d'un cœur libre. Hélas ! s'écria-t-il, que ne m'est il possible de l'aimer ! Je le crus ébranlé. Cependant voulant ménager aussi sa santé & son repos, qui avoient beaucoup à souffrir dans un combat si rude, je remis à le soumettre entiérement dans la suite de nos entretiens.

Mes raisons ne firent que se fortifier de jour en jour par de nouveaux événemens. Dilnick attentif à son entreprise, laissa si peu de relâche au Président, que dès le jour d'après, il l'obligea d'assembler son Committé avec la participation du Viceroi, pour ouvrir l'interrogatoire. Tout le crime de Patrice étant d'être le fils d'un pere, que les fausses dépositions de Fincer avoient rendu suspect, on n'eut à lui objecter que les mêmes soupçons, fondés sur le parti qu'il avoit pris d'abandonner l'Irlande, & sur son séjour en France, d'où l'on supposoit qu'il pouvoit être ramené par quelque dessein contraire à l'Etat. Il expliqua les motifs de son départ & ceux de son retour, avec toute la simplicité qui accompagne l'innocence. L'honnêteté & la candeur qui étoient peintes sur son visage, acheverent de mettre l'assemblée dans ses intérêts. Le Président, disposé en effet à le servir, fit remarquer la justesse & la netteté de ses réponses; & s'étant jetté habilement sur la nature du zele qu'on doit à l'Etat, il observa que pour remplir un devoir si juste, il n'en falloit pas blesser d'autres, en exposant légérement l'honneur d'une infinité de personnes distinguées par le mérite & la naissance, & en se fondant sur les moindres apparences pour attenter à leur liberté. La Lettre de Fincer qui fut communiquée à l'assemblée par le Viceroi, vint confirmer fort à propos cette favorable disposition. La main de ce Gentilhomme étoit connuë. On ne pouvoit se figurer raisonnablement qu'il eût été gagné pour nous rendre un témoignage de cette nature; & quand on l'eût cru capable de se parjurer successivement pour & contre, il étoit clair que du Dannemarck, où l'on n'ignoroit pas qu'il s'étoit réfugié, on ne se communique point ses demandes & ses réponses dans un espace si court.

C iij

Il n'y eut personne qui voyant prendre un si heureux tour aux premieres délibérations, n'augurât bien de l'avenir. Dilnick entretint le Président après l'assemblée. J'obtins de mon côté l'audiance du Viceroi, & les réponses que nous reçûmes de part & d'autre, s'accorderent si bien en notre faveur, que nous ne doutâmes plus du prompt succès de nos desirs.

Patrice fut le seul qui parut insensible à l'approche de sa liberté. Il commençoit à regarder ses engagemens avec Sara, comme une chaîne qu'il auroit peine à rompre; & cette pensée l'avoit tellement abattu, qu'il n'auroit point été plus défiguré par quelques jours de maladie. Quoique la cause de cette altération ne pût m'échapper, j'affectai de l'attribuer à l'inquiétude que l'interrogatoire avoit pû lui causer; & surmontant moi-même le chagrin que je ressentois de sa peine, par la persuasion où j'étois que je travaillois solidement à son bonheur, j'eus la constance de renouveller mes persécutions, & de lui faire rappeller son devoir avec plus de vigueur que jamais. Il ne pouvoit se dispenser de voir Dilnick en sortant de sa prison. J'appréhendois que n'ayant point vaincu ſes répugnances, il n'eût la foibleſſe de faire appercevoir qu'il ſe croyoit mené au ſuplice, & que nos bienfaicteurs ne fuſſent choqués de lui voir accepter de ſi mauvaiſe grace une faveur qui paroiſſoit mériter toutes ſortes d'empreſſemens. Je n'épargnai rien pour le faire entrer dans les mêmes vûës, & je continuai les jours ſuivans de le preſſer ſans ménagement.

L'arrivée imprévûë de Sara Fincer, enflamma de plus en plus le zele que j'avois pour leur bonheur commun. Elle étoit partie ſur la premiere Lettre de Dilnick; & s'attendant à nous trouver, lui dans la néceſſité de garder ſon azyle, moi dans une priſon auſſi étroite que celle de mon frere, elle avoit ramaſſé avec précipitation tout ce qu'elle avoit pu tirer de ſes amis, pour venir travailler elle-même à notre liberté par ſes propres ſoins & par de nouveaux ſecours. J'avouë que malgré tous les ſentimens de reconnoiſſance dont j'étois pénétré, je ne la vis pas ſans quelques marques de confuſion. Ce n'étoit pas le fardeau de ſes bienfaits qui m'étoit incommode. Il étoit aiſé à porter, près d'une perſonne qui s'eſtimoit heureuſe de les voir acceptés, & qui me confeſ-

C iiij

soit que j'aurois bien des avantages sur elle, lorsqu'elle seroit redevable à mes services, de l'estime & de l'affection de mon frere. Mais quelle explication pouvois-je lui donner sur le fond même de cette espérance ? Je fus réduit à me renfermer dans des complimens vagues, qui lui auroient fait démêler une partie de mon embarras, si sa générosité & sa droiture ne l'eussent soutenuë dans ses préventions. Loin de condamner la conduite de Dilnick, elle le remercia les larmes aux yeux, du service important qu'il avoit rendu à Patrice. Elle vouloit lui restituer sur le champ le prix de sa Terre. Mais avec la même noblesse, il la pria de remettre ce soin à d'autres tems. Je ne manquai pas de faire valoir à Patrice, ce surcroit de bontés & d'obligations. Il ne répondit plus rien à mes discours les plus ardens ; & ses soupirs n'étant point pour moi un langage assez clair, je le quittai sans sçavoir comment je devois interpréter son silence.

Je reçus le même jour du Viceroi, l'agréable confirmation des résultats du Committé. On s'étoit assemblé de nouveau ; & tous les Juges entraînés par l'autorité du Président, & par le suffrage du Viceroi, avoient opiné de concert à rendre la liberté à Patrice. Il avoit même été résolu par une délibération unanime, que pour réparer aux yeux du Public l'espece d'outrage qu'il avoit souffert injustement, on lui députeroit un Membre du Committé, qui le prieroit de pardonner la conduite qu'on avoit tenuë avec lui, au zele du Gouvernement pour la Maison Royale & pour la tranquillité de l'Etat. Cette attention venoit du Viceroi, qui avoit des ménagemens à garder avec la Noblesse. J'en informai aussi-tôt Sara : elle reçut cette nouvelle avec des transports de joye ; & ne se croyant pas moins sûre du cœur, que de la liberté de son amant, elle se livra sans réserve à deux espérances qui devoient être remplies dès le lendemain. Je m'y serois livré avec elle, si j'avois pû me répondre à moi-même des dispositions de Patrice. Je l'avois laissé incertain dans ma derniere visite. C'étoit ce que j'avois conclu de plus favorable de son silence. J'espérois à la vérité, qu'en faisant un nouvel effort au moment même qu'il se verroit ouvrir la porte de sa prison, je lui ferois sentir plus vivement que jamais, ce qu'il devoit du moins à la reconnoissance ; & que dans le premier mouvement qui emporte un cœur

C v

fenfible, il feconderoit l'erreur de Sara par la vivacité de fes remercimens. Cette penfée m'en fit naître une plus étendue. Je me flattai qu'en donnant toute la force que je pourrois à cette premiere ardeur, je le ferois peut-être paffer à l'inftant fur fes frivoles difficultés ; & que n'ofant fe défendre contre des raifons qui feroient foutenues fi fortement par la vûe & les tendreffes de Sara, il confentiroit fans réflexion à tout ce qu'elle paroîtroit défirer. Je ne la mis point elle-même dans la confidence de mon deffein ; mais la prévenant en général fur l'empreffement que j'avois de m'acquitter promptement de toutes nos dettes par le cœur & la main de mon frere, je lui fis entendre que fi elle étoit abfolument réfolue de fe contenter d'un retour fi inférieur à fes bienfaits, il étoit inutile de remettre à Antrim ce qui pouvoit s'exécuter à Dublin. Les cérémonies catholiques fe font fans éclat en Irlande, & les pouvoirs dont j'étois revêtu me donnoient encore le droit de les abréger. Nous éviterons ainfi, lui dis-je, & le bruit & les frais d'une fête, dont le principal prix confiftera dans les tendres fentimens de nos cœurs. Elle applaudit à cette propofition, & Dilnick ne la goûtant pas moins qu'elle, ils me laisserent tous deux le maître de regler la cérémonie & les momens.

Je me retirai de bonne heure, pour méditer à loisir sur une entreprise dont je rendois graces au Ciel de m'avoir inspiré le dessein. En arrivant chez moi, je trouvai une lettre qui m'étoit envoyée de Killerine, où j'avois eu soin de laisser mon adresse, & levant la premiere enveloppe, je reconnus avec étonnement dans la seconde suscription le caractére de Rose. Avec quelle ardeur ne me hâtai-je pas de l'ouvrir ? Je me sentis le coeur ému & les mains tremblantes, comme si j'eusse pressenti tout ce que j'allois lire. Cette triste lettre subsiste encore entre mes Papiers les plus précieux, & je ne puis mieux satisfaire mes Lecteurs qu'en la leur représentant ici fidelement.

« Que les momens me paroissent
» longs, mon cher Frere, & que la né-
» cessité cause d'étranges allarmes ! Pa-
» trice est parti. Je ne reçois point de
» ses lettres, & j'ignore le succès de son
» voyage ; mais quelques nouvelles qu'il
» puisse m'en apprendre, elles ne sau-
» roient être plus tristes que celles que
» j'ai à vous écrire. Peu de jours après

» son départ la Supérieure du Couvent
» où il m'a laissée, surprise de ne le plus
» voir paroître, & sans doute inquiéte
« pour quelques frais extraordinaires où
» mes incommodités l'avoient engagée,
» m'est venue déclarer honnêtement que
» sa maison n'étant point en état de fai-
» re des avances aux Pensionnaires, il
» falloit lui restituer la valeur de ce
» qu'elle avoit employé pour moi ; &
« paroissant encore plus allarmée pour
» la suite de ma pension, elle m'a de-
» mandé si je comptois de revoir bien-
» tôt mon frere. Mes inquiétudes ne
» m'ayant point permis de l'entendre
» sans verser quelques larmes, loin d'en
» être attendrie, elle m'a repeté que n'é-
« tant point assez riche pour se charger
» gratuitement de mon entretien, elle me
» prioit de penser de bonne heure à me
» ménager une autre retraite. J'ai com-
» pris qu'elle étoit informée du désordre
» de notre fortune, & qu'elle faisoit peu
» de fond sur les promesses de mon fre-
» re. Dans l'embarras où je me suis trou-
» vée, avec peu d'argent comptant, &
» forcée d'en donner sur le champ la
» meilleure partie, je n'ai pas vû de res-
» source plus honnête que de me rédui-
» re à vivre du travail de mes mains, en

» faisant usage des petits talens que je
» dois à mon éducation. J'ai satisfait à
» toutes mes dettes ; & suivie de ma fem-
» me de chambre qui n'a pas voulu m'a-
» bandonner, je me suis retirée chez
» d'honnêtes gens, mais pauvres, qui
» me louent une chambre d'un prix fort
» vil. Je m'y tiens renfermée depuis huit
» jours dans une solitude impénétrable.
» Mes hôtes se chargent de faire ven-
» dre mon ouvrage, & ne me deman-
» dent point d'autre payement pour
» mon logement & ma nourriture. Je
» m'occupe à broder, & ma femme de
» chambre m'aide dans mon travail.

« Ce triste état ne seroit point sans
» douceur pour un cœur affligé, si mon
« malheur n'avoit fait découvrir ma re-
» traite à quelques ennemis de mon re-
» pos, qui s'obstinent continuellement
» à le troubler. Le Duc de... m'a fait
» renouveller des offres, qui sont trop
» exagérées pour ne pas couvrir quel-
» que poison. Il m'a fait assurer par mes
» hôtes que sa résolution est de m'épou-
» ser, & je n'ai pû me délivrer de leurs
» persécutions, qu'en les menaçant de
» chercher une autre retraite. L'un de
» ces jours, il a fait mettre dans la cor-
» beille où je serre mes ouvrages, une

» bourse remplie d'or, & si pesante que
» j'ai eu peine à la jetter par ma porte,
» en ordonnant à mon hôte de la ren-
» dre, & de ne rien accepter de la mê-
» me main. Un autre jour m'étant ap-
» perçûe que nos alimens étoient meil-
» leurs & mieux apprêtés qu'ils ne doi-
» vent l'être chez des gens tels que mes
» hôtes, je les forçai de confesser qu'ils
» les recevoient d'un Traiteur inconnu,
» qui refusoit d'accepter leur argent; &
» me privant de dîner ce jour-là, je leur
» protestai qu'à l'avenir je me laisserois
» plutôt mourir de faim, que de tou-
» cher à ces viandes empoisonnées. Des
» Pesses ne me laisse pas plus de repos.
» Il seroit inutile de vous nommer d'au-
» tres persécuteurs que vous ne connois-
» sez pas. Mes peines augmentent sans
» cesse, & je n'ai personne de qui je
» puisse espérer la moindre consolation.

» Ce n'est pas des secours que je vous
» demande, je ne m'imagine que trop
» le mauvais état de vos affaires; mais
» ne m'accorderez-vous pas des conseils?
» Un juste égard pour l'honneur de no-
» tre Nom m'a retenu cent fois, lors-
» que je prenois la plume pour écrire à
» S. Germain : cherchons, disois-je, à
» me cacher, plutôt qu'à lever le voile

» qui couvre encore nos infortunes. Si
» je connoissois quelque solitude plus
» retirée que la mienne, un Couvent où
» l'on ne rougisse point d'accorder un
» azyle à l'honneur & à la vertu aban-
» donnée, j'irois me dérober pour jamais
» au monde, & je vous épargnerois tout
» d'un coup les chagrins que l'incertitu-
» de de mon sort ne manquera point de
» vous causer. Mais où m'adresser ? N'au-
» riez-vous pas quelque ami qui pût me
» rendre secrétement un si important
» service ? Qu'importe où je meure de
» tristesse & d'ennui, pourvû que je par-
» vienne à n'incommoder & à ne des-
» honorer personne ? Patrice m'a sans
» doute abandonnée. J'aurois reçû de
» ses nouvelles. Sous prétexte de repas-
» ser en Irlande, il est allé chercher de
» l'emploi dans quelque Cour étrange-
« re. Il a raison de s'être déchargé d'un
« fardeau tel qu'une malheureuse sœur.
» Helas ! J'avois fait néanmoins plus de
» fond sur sa tendresse. Georges est dans
» les chaînes. J'ignore s'il en sortira. Et
» ne pouvant lui être utile à rien, je n'i-
» rai pas redoubler ses peines, en lui fai-
» sant communiquer les miennes. Il ne
» me reste que mon honneur, ma confian-
» ce au Ciel, & le secours que je tire de

» mes mains. Adieu mon cher frere. » Vous ne sauriez croire combien mes » pleurs m'ont changée. «

Elle finissoit par le nom de ses hôtes & de sa demeure, où elle me prioit d'adresser directement ma réponse.

J'étois seul heureusement, lorsque j'achevai de lire cette lettre fatale. Il importoit à mon honneur que personne ne fût témoin de mon transport. Je me précipitai à genoux au milieu de ma chambre, & le cœur plus serré que de la crainte d'un cruel supplice, je demeurai longtemps dans cette posture, sans autre mouvement que celui de mes bras que j'étendois de toute ma force vers le ciel. Mes pensées étoient aussi forcées que mon attitude. Je ne me représentois rien distinctement, & dans la confusion de tant de sensations douloureuses, mes yeux avoient déja versé un ruisseau de larmes que je n'avois pas encore commencé à les sentir couler. Enfin tournant plus librement mes regards vers le ciel, comme ils s'y étoient portés naturellement dans mon premier transport, je lui adressai toutes les plaintes qui s'étoient comme accumulées au fond de mon cœur pendant ce violent silence. O! Pere des misérables, ô! protecteur des foibles, m'écriai-je mille fois en un moment, abandonnes-tu ceux qui ne t'ont pas oublié ? Laisse-tu perir une fille tremblante qui combat encore pour son devoir ? Qui sera le réfuge des orphelins & des pauvres, si tu leur refuses ton secours ? Et revenant comme à moi après quantité d'autres invocations, je me representai avec mille nouvelles douleurs la situation dont ma chere & malheureuse sœur me faisoit un portrait si touchant ; réduite à travailler dans la maison d'un pauvre, à donner son travail en échange pour sa nourriture, à se cacher pour fuir la honte & pour supporter honnêtement la misere, à pleurer & à souffrir ! O Rose ! O tendre sœur ! Quelle destinée, & de quoi sert dans le monde le mérite & la naissance, si la fille du Comte de... est forcée à cet horrible abbaissement !

Cependant à mesure que la raison & la Religion reprenoient le dessus sur les mouvemens de la nature, je considérai que ce que je regardois comme le dernier excès du malheur pour une fille de la naissance & du mérite de Rose, pouvoit n'être qu'une disposition du Ciel qui avoit voulu mettre sa vertu à l'épreuve, & qui n'en seroit peut-être que plus libéral à la récompenser. Je relus cette lettre qui m'avoit causé tant d'agitations. J'eus honte d'avoir pris dans des vûes si humaines une disgrace qui devoit être reçûe avec soumission, & qui serviroit infailliblement à faire éclater l'honneur & la sagesse de ma sœur. Car laissant à part l'expression de ses peines, qui n'avoit même rien d'amer ni d'emporté, je croyois découvrir dans tous ses termes une ame ferme dans son devoir, & un goût déclaré pour la vertu. Qu'ai-je à redouter pour elle, disois-je? Un peu de chagrin & d'ennui, quelques pleurs que l'orgueil de la nature lui arrache, un peu d'altération dans ses traits, que la bonne fortune aura bientôt réparée. Mais elle se forme à la patience, à l'humilité, à la douceur, à la compassion des malheurs d'autrui; & ce cœur que l'adversité ne peut abattre ni écarter de son devoir, formera peut-être quelque jour un des premiers caracteres du monde. Nous prendrons soin, ajoutai-je, que l'épreuve ne dure pas trop long-tems; & la santé, ou plutôt la vie, me manquera bientôt, si quelque chose est capable de retarder le secours que je veux porter moi-même à ma chere Rose.

Une autre réflexion qui contribua beaucoup à me calmer l'esprit, fut la pensée qui me vint tout d'un coup, de faire servir cet incident à fixer les irrésolutions de Patrice. Je connoissois sa tendresse pour sa sœur. La peinture de sa misere, celle de ses dangers, l'impuissance présente où il étoit de la soulager par d'autres voyes que par son mariage, enfin mille terreurs que l'éloignement alloit grossir & que mes raisonnemens rendroient encore plus pressantes, me firent croire ma victoire presqu'assurée. Ainsi, disois-je, j'étois aveugle de ne pas reconnoître une faveur du Ciel, dans ce que j'ai pris d'abord pour une nouvelle disgrace.

Je passai tranquillement la nuit dans cette espérance; & l'arrivée du jour ne l'ayant pas diminuée, je pris le chemin du Château sur les neuf heures, avec plus de joye que d'inquiétude. Le Concierge m'avertit que Patrice n'étoit pas seul & que sur les bruits qui s'étoient répandus, il ne falloit pas douter que la visite qu'il avoit reçuë, ne fût pour lui annoncer sa liberté. En effet, je vis sortir de sa chambre un Magistrat que je reconnus pour un Membre du Committé; & qui laissant au Concierge un ordre par écrit, lui déclara qu'il pouvoit rendre sur le champ la liberté à son Prisonnier. M'ayant apperçu, il me témoigna civilement la satisfaction qu'il avoit euë d'être choisi par son corps, pour apporter une si heureuse nouvelle à mon frere ; & il me répeta les termes qu'il avoit eu ordre d'employer. C'étoient des félicitations sur son innocence, & des regrets de l'avoir soupçonnée mal-à-propos. Mais il ne nous restoit pas moins à satisfaire le Concierge pour les frais de la prison, qui sont immenses en Irlande. J'en fis le compte avant que de voir Patrice ; & les joignant à ce qui revenoit encore au Messager d'Etat, j'eus le chagrin de ne me pas trouver assez d'argent pour y fournir. Cependant étant bien résolu de ne pas recourir volontairement à Sara, trop confus de tant de bienfaits que sa générosité & l'embarras des circonstances m'avoient forcé d'accepter, je proposai au Concierge de nous accorder quelque délai sur mon billet ; & je le trouvai assez civil pour me promettre cette faveur.

Je n'eus plus rien de si pressant, que de vaincre le cœur de Patrice. Vous êtes libre, lui dis-je en l'embrassant ; vos Juges vous traitent avec tant de distinction, que vous devez leur pardonner leur rigueur. Je ne connois point de sort plus heureux que le vôtre, ajoutai-je ; & je doute si un passage si prompt du malheur à la plus brillante fortune, n'a pas quelque chose de plus picquant qu'un bonheur sans interruption. Sara Fincer vous attend, repris-je encore. Croiriez-vous qu'elle est à Dublin ; & que dans l'impatience de vous voir, autant que pour nous apporter de nouveaux secours, elle arriva hier chargée de ce qu'elle a pu recueillir de plus précieux ? Il m'interompit : Ne cherchez point de détours inutiles, me dit-il ; je pénetre votre pensée. Il est clair, sur tous les récits que vous m'avez faits, qu'il n'y a rien d'égal à la générosité de Sara Fincer ; & que je me trouve couvert de ses bienfaits. C'en est un autre encore plus signalé, de vouloir partager son sort & ses richesses avec moi. J'ai honte de m'en trouver indigne ; mais ne refusez pas de m'écouter. On n'est pas maître de ses affections, continua-t-il froidement. Plus je consulte les miennes, plus je trouve d'impossibilité à les gouverner. Donnez le nom qu'il vous plaît à cette foiblesse ; mais je prends le Ciel à témoin, qu'ayant promis une tendresse éternelle à Julie, rien ne me fera jamais renoncer à ce sentiment. J'épouserois donc Sara sans l'aimer. Je la rendrois malheureuse par ma froideur. Elle s'appercevroit tôt ou tard que j'ai le cœur occupé d'un autre amour. Je ne serois capable que de la plaindre, sans la consoler. Voyez à présent s'il vous convient de presser un mariage que le Ciel ni les hommes ne peuvent approuver, & qui est peut-être propre à réparer notre fortune, mais aux dépens de Sara même, qu'il précipiteroit infailliblement dans une infortune sans remede.

Ce discours me parut médité ; & ne doutant point que son principal dessein ne fût de me refroidir par des allarmes de conscience, je trompai extrémement son attente, en lui répétant avec la même froideur, qu'il s'égaroit absolument dans ses principes. Je lui prouvai par un raisonnement sans réplique, que ce qu'il nommoit amour invincible, constance inviolable, fidélité nécessaire, étoient autant de chimeres que la Religion & l'ordre même de la nature ne connoissoient pas dans un sens si badin. Car il s'ensuivroit donc, lui dis-je, qu'un homme de la plus vile condition, qui peut être aussi sensible qu'un autre au mérite d'une femme distinguée, seroit en droit de suivre son penchant; & qu'après l'avoir suivi, il devroit se faire comme vous, une loi de son amour & de sa constance. Non, continuai-je, si ces deux qualités sont des vertus nécessaires, c'est après un engagement juste & légitime; mais la raison & l'estime sont les guides qui doivent le précéder. L'amour ne manque jamais de venir à la suite d'une si belle cause; & la bénédiction du Ciel, en purifiant la nature, acheve de faire trouver de la douceur dans des liens qu'elle a sanctifiés. Cette morale s'accordant peu avec ses idées, il se préparoit à répliquer; mais dans le dessein où j'étois d'employer de la chaleur pour l'émouvoir, j'interrompis des spéculations qui m'auroient mené trop loin, & dont le succès étoit douteux. Je nommai brusquement l'honneur & la reconnoissance, qui sont après la Religion, ce que le monde a de plus sacré, & à qui je soutins que toute autre sorte de vûës & de considérations humaines doit être sacrifiée. Je lui rappellai de nouveau tous les bienfaits de Sara. Je ne lui fis valoir ses charmes, que comme une espece de récompense, pour avoir suivi un sentiment vertueux; mais n'oubliant pas

l'excellence de son caractere, je lui demandai si dans la concurrence même du vrai mérite, elle avoit à craindre le désavantage d'aucune comparaison, & s'il y avoit au contraire quelqu'autre femme qui joignît au même nombre de vertus & de qualités aimables, un droit de plaire aussi bien acquis par une suite innombrable de services. Voilà des titres, lui dis-je, si saints, si inviolables, qu'ils ne peuvent jamais être affoiblis. Regardez-les néanmoins comme autant de chimeres. Foulez au pied tous les devoirs & tous les droits. Allez, partez si vous l'avez résolu ; mais gardez-vous de vous présenter à Sara. Que dis-je! fuyez sans être vû de personne. On vous traiteroit ici de monstre, on ne vous verroit qu'avec horreur & avec mépris ; & ne comptez pas d'être vû d'un autre œil, dans tous les lieux où l'on apprendra l'indignité de vos sentimens. Croyez-moi, cachez soigneusement votre nom ; il ne suffiroit pas de vous taire sur un procédé dont vous ne pouriez parler sans confusion. Ne doutez pas que le bruit n'en soit bientôt répandu. La honte est attachée à vos pas, & vous devez vous attendre qu'elle vous suivra dans toute l'Europe.
Mais

Mais où irez-vous, reprit-je, en attachant mes yeux sur les siens ; quelle ressource avez-vous pour partir ? Faites-vous réflexion que vous êtes sans argent, sans secours, & sans espérance d'en obtenir ? Le fond que vous auriez pu faire sur moi, vous manque par le nouvel engagement que je viens de prendre pour assurer votre liberté, car vous ne sçavez pas que la porte de votre prison n'est ouverte qu'à demi ; & que pour satisfaire aux droits du Concierge, il faut que je lui abandonne presqu'une année de mon revenu. Vous serez témoin de la promesse que je vais lui faire par écrit. Que me reste-t-il donc à vous offrir ? Hélas ! Rose même, ajoutai-je d'un ton tendre, & en m'attendrissant en effet jusqu'aux larmes ; Rose se trouve ainsi privée de mon secours. Ce que je fais pour vous, est autant de retranché sur ce que je destinois à soulager sa misere. Voyez néanmoins s'il y a rien de si touchant que ses plaintes, & de si terrible que sa situation. Je lui donnai la Lettre de Rose qu'il ouvrit avec empressement, après en avoir reconnu le caractere. Il la lut avec la même ardeur. Je vis bientôt ses pleurs qui commençoient à couler. De quelque source qu'el-

II. Partie.   D

les puſſent partir, je les pris pour le ſigne de ma victoire, & recommençant à le preſſer par les motifs réunis de l'honneur, de l'intérêt, de la reconnoiſſance & de la tendreſſe naturelle, je tirai enfin de ſa bouche une réſignation abſolue à toutes mes volontés. Les ſoupirs & les regrets, dont elle fut accompagnée, étoient des reſtes de foibleſſe, que je pardonnai à la violence qu'il faiſoit à ſes inclinations. Mais perſuadé, comme je devois l'être, que nous ſuivions l'un & l'autre la voix de notre devoir, je fus moins ſenſible à la pitié qu'à la joye, & je ne penſai qu'à tirer parti d'une diſpoſition qui pouvoit encore changer. Je fis appeller le Concierge, pour finir avec lui le réglement des fraix. Ma ſurpriſe fut extrême d'entendre pour réponſe qu'il étoit ſatisfait, lui & le Meſſager d'Etat, & que pendant que je m'étois entretenu avec mon frere, on lui avoit apporté ſous notre nom une ſomme qui ſurpaſſoit même ſes prétentions. Il ne falloit pas chercher long-tems pour découvrir à qui nous étions redevables de ce nouveau bienfait. C'étoit Sara, qui ne s'occupant que du ſuccès de ſes ſoins, s'étoit fait informer auſſi-tôt que moi de tout ce qui pouvoit encore le retarder.

Patrice me confessa au milieu de son trouble qu'il sentoit le prix de tant de générosités. Nous nous rendîmes directement chez Sara, dont il étoit juste de satisfaire l'empressement par notre premiere visite. Ce fut en chemin que m'étant souvenu du pouvoir qu'elle m'avoit donné de regler le tems & la cérémonie de son mariage, je conçus la pensée de ne pas laisser à Patrice un moment pour se refroidir. Je donnai ordre secretement au domestique qui me suivoit, d'avertir un Ecclésiastique, que j'avois déja prévenu, & ne doutant point que mon projet ne fût approuvé de Sara & de Dilnick, je résolus de profiter du tumulte même des premiers complimens, pour sceller notre bonheur commun par les cérémonies de l'Eglise. Patrice avoit marché long-tems sans parler. Je suis inquiet, me dit-il enfin, du rôle que j'ai à soutenir. Comment paroître sans embarras devant une personne à qui j'ai tant d'obligations, avec si peu d'espérance de pouvoir jamais les reconnoître? Sommes-nous éloignés de chez elle? Je fus ravi de voir prendre ce cours à ses réflexions. Nous touchions à la maison de Sara: Votre inquiétude est juste, lui dis-je, si vous perdez de vûe

D ij

votre promesse, & toutes les raisons qui vous y ont engagé; mais avec un peu de fidelité à l'honneur, vous devez ressentir moins d'embarras que de joye & d'assurance, à la vûe d'une personne qui attend son bonheur de vous. Et lui montrant la porte au moment qu'il y pensoit le moins, je l'introduisis brusquement sans prêter l'oreille à sa réponse.

Sara parut elle-même un peu déconcertée de nous voir arriver sans s'y être attendue. Sa rougeur & celle de Patrice auroit formé une scéne agréable pour des spectateurs indifférens. Mais voulant leur épargner toutes les explications qui pouvoient sentir la contrainte, je les mis tout d'un coup où ils ne seroient parvenus que par bien des longueurs. En vous présentant mon frere, dis-je à Sara, je vous offre un bien qui est à vous par toutes sortes de droits; & son bonheur est de trouver aujourd'hui son devoir dans ce qui est capable de flatter ses plus tendres inclinations. S'il a dû juger des sentimens que vous avez pour lui par les généreuses preuves qu'il en a reçûes, vous devez juger des siens par vos propres bienfaits, & par l'opinion que vous avez eûe de lui lorsque vous l'en avez crû digne. Des engagemens de cette nature ont déja toute la force de ceux du mariage, & les cérémonies de l'Eglise ne font nécessaires que pour les sanctifier. Elles ne seront pas retardées longtems, ajoutai-je en regardant Sara, & si vous en croyez l'ardeur des sentimens que je dois partager avec mon frere, j'aurai dès aujourd'hui la satisfaction de vous nommer ma belle-sœur. J'attendis un moment sa réponse. Elle ne la prononça point, mais elle exprima son consentement par une inclination gracieuse & modeste. Patrice, à qui je n'avois pas laissé le tems d'ouvrir la bouche, prit cet intervalle pour lui adresser quelques complimens, moins tendres que civils & spirituels; & parlant néanmoins du bonheur d'être à elle comme d'une fortune digne d'envie, il ajouta qu'il n'osoit l'accepter aussi promptement que je le proposois, & qu'il demandoit quelque tems pour le mériter. Je conçus son adresse; & tremblant de me voir obligé à de nouvelles discussions en présence de Sara, je me tournai vers Dilnick, à qui je demandai, sans affectation, s'il n'étoit pas d'avis comme moi de ne pas différer ce qui pouvoit être exécuté au même moment. Il me répondit en riant que c'étoit leur rendre service à l'un & à l'autre, & que Patrice sur-tout avoit besoin de ce soulagement à la fin d'une longue prison. Heureusement l'Ecclésiastique, que j'avois fait avertir, parut avec deux surplis sous le bras, & le Rituel ecclésiastique à la main. Voyez, leur dis-je, si mon zele vous laisse quelque chose à désirer; & m'étant revêtu aussi-tôt du surplis, je pris la main de Sara que je mis dans celle de Patrice. Il me regardoit d'un œil interdit. Que Rose, lui dis-je pour le soutenir, recevra de consolation d'une si heureuse nouvelle! Une courte priere, leur consentement que je leur fis prononcer en peu de mots, & ma bénédiction que je leur donnai en prenant le témoignage des assistans, firent l'essence de cette cérémonie. Le nœud indissoluble étant ainsi formé, je les fis mettre à genoux avec moi pour achever avec moins de précipitation. Mon cœur s'échauffa de joye & de tendresse en remerciant le ciel de l'heureuse fin qu'il accordoit à mes désirs. Il m'étoit lui-même témoin que je n'avois en vûe que sa gloire, le bonheur de mon frere, l'intérêt de notre famille, & les bienséances mêmes du monde, autant qu'elles peuvent s'accorder avec la Religion. On reconnoîtra dans la suite de notre Histoire de quelle nécessité il étoit de peser sur toutes ces circonstances.

Quelques sentimens qui pussent s'élever dans le cœur de Patrice, il avoit trop d'honneur & d'esprit pour ne pas sentir ce qu'il devoit à ses engagemens. Il embrassa son épouse après notre prière, & quoiqu'il ne fît point remarquer toute l'ardeur que j'aurois souhaité dans ses embrassemens, il ne lui échappa rien du moins qui pût rendre sa disposition suspecte. Pour elle, il paroissoit visiblement qu'elle se croyoit en effet au plus beau jour de sa vie. La joye qui éclatoit dans ses yeux, ses caresses modestes, ses regards, ses attentions, me firent penser plus d'une fois qu'elle faisoit le personnage de Patrice. Il étoit question de confirmer le sceau de l'Eglise par un acte civil, suivant la méthode ordinaire. J'avois bien pressenti que je n'aurois pas besoin de précautions pour la disposer à traiter favorablement mon frere. Elle lui fit tous les avantages qui étoient autorisées par les Loix, & voulant, lui dit-elle, tenir tout de lui avec son cœur, elle lui abandonna au même moment les sommes qu'elle avoit apportées, avec les clefs de toutes ses malles, & celles mêmes de ses cabinets d'Antrim. En vain se défendit-il de les recevoir. Elle l'exigea comme une complaisance qu'elle vouloit prendre, ajouta-t-elle, pour l'augure de leur éternelle tendresse. J'applaudissois à ces tendres transports, & je ne doutai point que sensible comme je connoissois Patrice, il ne prit bien-tôt malgré lui-même du goût & de l'attachement pour une femme si aimable.

Dilnick, qui aimoit le plaisir de la table, ne parla plus que de célébrer la fête par un dîner somptueux qu'il prit soin de faire préparer. Il y invita avec le consentement de ma belle-sœur trois de ses amis, qu'il avoit déja informés de notre joye, & qui avoient assez connu mon pere & celui de Sara, pour prendre part au bonheur des deux familles. Ils arriverent à l'heure marquée, mais rien ne fut égal à notre étonnement, lorsque nous vîmes entrer avec eux Mylord Linch, qui se jetta impétueusement au cou de Patrice. Il étoit à Dublin depuis quelques jours, & se trouvant lié avec un des amis de Dilnick, de qui il venoit d'apprendre toutes les circonstances qu'il n'avoit sû qu'imparfaitement par le bruit public, il n'avoit pû résister à l'impatience de nous embrasser. Le souvenir du passé n'empêcha point Patrice de le recevoir avec beaucoup d'amitié. Ses premieres offenses avoient été reparées par son propre malheur, & par le zéle qu'il avoit fait ensuite éclater pour le service de mes freres. D'ailleurs ses sentimens pour Rose étant toujours les mêmes, nous ne pouvions le regarder comme un ennemi de notre famille, lorsqu'il brûloit de s'y attacher par le lien le plus étroit. Il n'ignoroit point la triste situation de Rose, & non-seulement il étoit un de ceux dont elle se plaignoit que les soins l'avoient importunée dans sa retraite, mais l'intérêt même qu'il prenoit à ses peines, & le désir d'obtenir d'elle & de nous la liberté de les finir, étoit la principale cause de son voyage : cependant sa discrétion ne lui permettant point de s'ouvrir au premier moment sur toutes ses vûes, il se borna d'abord à des félicitations sur le mariage de mon frere, & il nous pria de trouver bon qu'il demeurât à dîner avec nous.

On se mit à table avec tous les préparatifs qui pouvoient nous promettre de la joye. Patrice même que j'observois continuellement, sembloit se prêter de bonne grace à la fête ; & quoique je crusse appercevoir un reste de mélancolie dans ſes yeux, j'étois toujours perſuadé que les charmes & la tendreſſe de ſon épouſe en triompheroient bientôt. Je l'excitois moi-même à ſe livrer au plaiſir; & le fond naturellement ſérieux de mon caractere, ne m'empêchoit pas d'entrer dans la diſpoſition des convives, que Dilnick animoit par ſa gayeté & par ſon entretien. Enfin tout le monde paroiſſoit livré au même ſentiment, lorſque Mylord Linck, entre divers complimens qu'il adreſſoit aux deux époux, crut pouvoir mêler les excuſes qu'il devoit à mon frere pour le mauvais office qu'il lui avoit rendu à Paris. Il les tourna à la vérité d'une maniere ſi galante, qu'elles ne pouvoient être choquantes pour Sara; mais en ſe félicitant lui-même d'avoir contribué ſans y penſer au bonheur qui attendoit Patrice en Irlande, il fortifia les ſombres réflexions que je m'efforçois de diſſiper, & qui n'agiſſoient déja que trop ſur ſon cœur. Du moins n'obſervai-je rien de plus vraiſemblable à quoi je puiſſe attribuer les triſtes effets qu'elles produiſirent. Je remarquai l'impreſſion que Patrice en reſſentit; & je me hâtai de faire prendre un autre cours à la converſation. Il s'apperçut de ma contrainte, qui servit peut-être quelques momens à redoubler la sienne; mais succombant enfin au poids qui lui opprimoit le cœur, il se leva sans prononcer un seul mot, pour aller respirer dans une chambre voisine. N'ayant pu me tromper à ce mouvement, je me levai aussi pour le suivre, dans la seule pensée de le rappeller à lui-même par une courte exhortation. On prit mon départ pour la marque de quelque allarme qu'on me supposoit pour la santé. Tous les Convives en ayant la même opinion, ils quitterent la table comme de concert, & vinrent après moi, en se demandant d'un air inquiet les uns aux autres, s'il se trouvoit mal. Il s'étois assis près d'une table, sur laquelle il avoit le coude appuyé, & la tête sur sa main. Soit que l'empressement de tant de personnes qui l'avoient suivi, & la crainte peut-être qu'on n'eût pénétré quelque chose de ses agitations, lui causassent une révolution subite, soit que le poids de ses peines commençât en effet à surpasser ses forces, nous ne fûmes pas plûtôt autour de lui, qu'il tomba à nos pieds sans connoissance & sans sentiment.

Les secours n'étant point éloignés,

D vj

on ne fut pas long-tems à lui faire rappeller ses esprits. Son épouse fut la plus ardente à lui rendre toutes sortes de soins. Il remarqua son zele ; & touché sans doute de tant d'affection, il prit une de ses mains qu'il baisa respectueusement. Les Médecins qui furent appellés aussi-tôt, lui trouverent une fiévre violente. Ils le forcerent de se mettre au lit ; & jugeant que le repos lui étoit nécessaire, ils voulurent qu'on l'y laissât quelques heures sans l'interrompre. S'étant fait expliquer les circonstances de cet accident, ils l'attribuerent à l'imprudence qu'il avoit eue de s'exposer tout d'un coup à l'air, en sortant du Château, & au passage trop précipité de la tristesse d'une prison à la joye d'un festin. Loin de combattre leur erreur, je fus ravi de voir tout le monde disposé à trouver cette explication juste & naturelle. On devint tranquille sur leur parole ; & Sara même se laissa persuader malgré son inquiétude, de retourner à table avec la Compagnie.

J'avois des idées bien différentes de ce qui venoit d'arriver ; & je brûlois de pouvoir me dérober avec bienseance, pour retourner au lit du Malade, à qui je jugeois bien qu'un moment de mon

DE KILLERINE. 85
entretien, étoit plus nécessaire que le repos. J'en fis naître l'occasion sous quelque prétexte, & j'arrêtai même Sara qui étoit aussi empressée que moi de le revoir. Il poussa un profond soûpir en me voyant approcher. Je m'assis proche de lui, & j'y demeurai quelques momens sans parler, feignant en apparence de ménager son repos ; mais au fond pour attendre qu'il m'ouvrît son cœur, & qu'il s'expliquât le premier. Enfin, voyant qu'il continuoit de garder le silence, je lui témoignai l'inquiétude où son évanouissement avoit été capable de nous jetter, & l'espérance où nous étions néanmoins que cet accident seroit sans suite dans un tempérament tel que le sien. Ah! me dit-il d'une voix basse, & comme s'il eût appréhendé d'être entendu, les suites que je crains, ne sont pas celles qui peuvent menacer ma santé & ma vie : le sacrifice en est fait, & j'abandonne au Ciel l'une & l'autre. Y pensez-vous, me hâtai-je d'interrompre ? Vous m'allarmez par un discours que j'ai peine à comprendre. Je devine vos allarmes, reprit-il aussi-tôt, mais je ne puis les guérir, & vous avez dû les prévoir. Je me suis sacrifié à vos volontés & à l'in-

térêt de ma famille : en demandez-vous davantage ? Mais Sara, interrompis-je encore ; n'aurez-vous pas pour une épouse... Il m'arrêta : J'aurai pour Sara, me dit-il, tout ce que je vous ai promis pour elle ; du respect pour ses vertus, car je sens tout ce qu'elle vaut, & je n'admire pas moins que vous sa bonté & ses charmes ; de la reconnoissance pour ses bienfaits ; de la complaisance & de l'attention pour tous ses désirs. C'étoit à vous, qui vous êtes chargé de lier mon sort au sien, à lui déclarer ce que j'étois capable de mettre dans notre engagement, & à quelles conditions je pouvois être à elle. Je n'y ai pas eu d'autre part que celle d'une soumission aveugle, qui m'a fait renoncer au soin de moi-même pour l'intérêt & l'honneur d'autres. Vous ne l'ignorez pas ; je ne fais que vous répeter ce que je vous ai juré plusieurs fois dans la présence du Ciel. Prenez donc sur vous, ajouta-t-il avec une espéce d'indifférence, le succès de votre entreprise, comme vous en avez pris le dessein & l'exécution. Si vous croyez que Sara attende plus que vous n'avez dû lui promettre, & que je ne puis lui offrir, faites-lui perdre cette espérance ; préparez-la dès aujourd'hui à la conduite que je tiendrai avec elle : repréfentez-moi comme un caractere froid, diftrait, mélancolique, farouche. Ajoutez-y, fi vous voulez, que je n'en ferai pas moins refpectueux ni moins civil ; c'eft tout ce qu'elle doit attendre, & je ne vous ai pas promis davantage.

Un difcours fi étrange, & le ton dont il fut prononcé, me cauferent un faififfement dont je ne me remis pas tout d'un coup. Dans l'embarras où je me trouvai pour y répondre, je me rappellai comme j'avois déja fait mille fois, tous les motifs qui m'avoient fait fouhaiter ce fatal mariage, & les démarches dans lefquelles je m'étois engagé pour le faire réuffir. Mes vûes ni ma conduite ne me préfentant rien de criminel, je me ferois peut-être armé de toute l'autorité de ma profeffion & de mon âge contre un caprice opiniâtre qui me paroiffoit bleffer toutes fortes de droits & de lumieres, fi je n'euffe entendu Sara qui s'approchoit. Sa préfence me parut le meilleur reméde que je puffe apporter aux dégoûts de mon frere, & ne doutant pas du moins qu'il ne la traitât avec autant de civilité qu'il fe propofoit de froideur, je pris le parti de le laiffer feul avec elle.

Je trouvai Mylord Linck, qui brûloit de m'entretenir en particulier. Je répondis à son empressement. Le hazard, me dit-il, qui me procure ici l'honneur de vous voir, m'épargne le chemin que j'aurois fait jusqu'à Killerine. Mes intérêts n'ont pas eu plus de part à mon voyage que les vôtres, ou plutôt ma plus forte passion étant de les unir, je me les propose déja comme s'ils ne pouvoient plus être séparés. Il continua de me raconter tout ce qui avoit suivi son démêlé avec mes freres, dont il supposoit que j'avois été informé par leurs lettres, La captivité de Georges, le danger du même sort, auquel il avoit été exposé, & qu'il n'avoit évité qu'en changeant d'habit & de nom à Paris, où cette crainte ne l'avoit pas empêché de solliciter ardemment la grace de mon frere; le prix que Rose avoit attaché au succès de son zele, le malheur qu'il avoit eu de le manquer par la rigueur inflexible de la Cour, enfin la retraite de Rose dans un Couvent & le départ de Patrice, furent des préludes que l'espoir de m'engager dans ses intérêts le porta à me retracer, comme le désir d'apprendre quelques nouvelles circonstances me les fit écouter patiemment. Si vous avez pû savoir, pourſuivit-il, une partie de ce détail par la bouche de Patrice, vous ignorez tous deux ſans doute que Roſe eſt ſortie du Couvent où elle s'étoit retirée. Mes recherches m'ont fait découvrir ſon nouvel azyle, & toujours plein de la tendreſſe qu'elle m'a inſpirée, je lui ai fait offrir de nouveau la diſpoſition de ma fortune. Elle a refuſé de me voir; elle a rejetté auſſi de ma main des ſecours trop legers pour les faire valoir, mais dont je ne ſçais que trop combien elle a beſoin dans ſa ſituation. Enfin, pouſſé par l'amour, & perſuadé qu'une fille n'eſt pas à plaindre, lorſqu'on la force de devenir riche & heureuſe, j'ai pris le parti de louer ſous un nom emprunté l'appartement qui répond au ſien dans une maiſon voiſine. N'en étant ſeparé que par un mur commun, je l'ai fait percer ſans bruit, & ce que je lui ai laiſſé d'épaiſſeur peut être renverſé avec le moindre effort. Mon deſſein, ſi je puis le confeſſer ſans honte, étoit de prendre le tems de la nuit pour enlever une perſonne que j'adore, & ſans laquelle je n'ai plus de bonheur à eſperer. Le reſpect que je dois à ſa naiſſance & à ſa vertu, ne m'avoit pas permis de former cette entrepriſe, ſans prendre des mesures pour l'épouser sur le champ. Cependant, à la veille de l'exécution, un scrupule d'honneur m'a retenu. J'ai pensé que si la réputation de votre sœur n'avoit rien à souffrir lorsque ma violence se trouveroit aussi-tôt réparée par son mariage légitime, une Maison que je dois respecter, & qui a des alliances avec la mienne, en recevroit toujours quelque tache ; sans compter que n'osant me promettre de vous & de vos freres l'aveu d'une action si hardie, je m'exposois à la nécessité de vivre avec vous dans une division éternelle. Ces considérations ont prévalu. Sans renoncer absolument à mon dessein, que je regarde comme la seule voye qui puisse vaincre le cœur de Rose, je me suis déterminé à le communiquer à votre frere. On m'a laissé la liberté de le voir à la Bastille. Il m'a reçû sans aucune marque de ressentiment, & confessant qu'il m'auroit vû volontiers le mari de sa sœur, si la tendresse qu'il a pour elle ne lui eût fait craindre de forcer son inclination, il ne m'a pas entendu parler des embarras où elle est réduite, sans l'accuser de s'y être précipitée elle-même,& sans plaindre son obstination qui a causé toutes nos disgraces communes. J'ai saisi cette occasion pour lui découvrir mes vûes, & pour le presser de les approuver. Ma franchise l'a touché. Il n'a mis qu'une condition à ma démarche, c'est qu'elle soit communiquée à ses freres, & que j'obtienne d'eux l'approbation qu'il m'accorde. Je l'apporte signée de sa main, ajouta-t-il, & quoique mes affaires ne soient pas terminées à S. Germain, je n'ai rien eu de si pressant que d'en finir une, dont je fais dépendre tout le bonheur de ma vie. Il me présenta aussi-tôt le billet de Georges, qui ne contenoit qu'un simple consentement au mariage de Mylord Linck avec Rose... sa sœur, sans aucune mention expresse de l'enlevement; & il joignoit à son récit les instances les plus tendres & les plus pressantes, en m'offrant même un empire absolu sur son bien, qu'il remettoit, me dit-il, entre mes mains.

Quoiqu'une proposition de cette nature eût commencé par me révolter, & qu'elle me parût mériter toutes mes réflexions, la réponse qu'on me demandoit me causa peu d'embarras. Je rendis graces à Mylord Linch de l'inclination qu'il conservoit pour ma sœur. Ne pensant à chaque moment, lui dis-je, qu'à partir moi-même pour Paris, je me flatte d'avoir conservé assez de pouvoir sur l'esprit de Rose, pour lui faire goûter tout ce qui convient à sa sagesse & à l'honneur de sa Famille. J'espere que les moyens violens nous seront inutiles : mais quand il deviendroit nécessaire de les employer, vous trouveriez bon que ce ne fût qu'après avoir épousé toutes les autres ressources. Cette maniere de m'expliquer, qui n'étoit ni opposée, ni trop favorable à ses espérances, me laissoit le maître d'approfondir les avantages d'une alliance dont je n'avois connu les premiers projets que par le récit de Patrice. D'ailleurs j'étois résolu effectivement de ne pas differer mon départ pour la France, & dans l'ardeur avec laquelle j'avois pressé le mariage de Patrice, il entroit presque une égale envie de me trouver libre, pour aller donner tous mes soins à la consolation de ma sœur. Cependant je ne pus m'empêcher de témoigner à Mylord Linck combien j'étois allarmé de ce mur à demi percé, qui la mettoit comme à découvert. Il me rassura, en m'apprenant qu'il avoit laissé dans l'appartement une femme qui étoit destinée suivant ses premieres vûes à servir Rose, & que tous ses domestiques étoient logés par son ordre dans diverses maisons du voisinage pour être à portée non seulement de secourir ma sœur dans toutes sortes d'occasions, mais encore de l'observer, & sur tout de la suivre, si quelque raison l'obligeoit de changer de demeure. Je conçus qu'elle étoit en sûreté avec ces précautions ; mais quelle idée devois-je me former de son sort, lorsque joignant de si étranges circonstances à celles de sa lettre, je me la représentois tout à la fois luttant contre la misere, & comme environnée d'une troupe de loups ravissans, qui en vouloient à son repos & à sa liberté. Le dessein que la faveur du ciel avoit détourné dans Mylord Linck, ne pouvoit-il pas naître au Duc de... & à ces autres amans qu'elle ne m'avoit pas fait connoître par leur nom ? A quoi étoit-elle continuellement exposée ! Je serois parti sur le champ, si je n'eusse consulté que mon ardeur, & Mylord Linch, qui me croyoit déja dans ses intérêts, profitoit de l'aveu que je lui avois fait de mon dessein pour me presser de ne le pas différer. Je n'étois arrêté que par deux raisons ; l'envie de voir Patrice tranquillement établi dans le Comté d'Antrim avant mon départ, & la nécessité de faire une somme assez forte pour n'être dans la dépendance de personne à Paris.

Mylord Linck vouloit s'ouvrir à Patrice. Je le priai de me laisser ce soin; & retournant au lit de mon frere que je trouvai encore avec son épouse, leurs mains tendrement entrelacées, je tirai un augure si favorable de la situation où je les surprenois, que je crus pouvoir en user plus librement avec ma Belle-sœur, & traiter nos affaires en sa présence, comme un intérêt commun. Je leur appris le sujet du voyage de M. Linck, ses propositions, & les instances avec lesquelles il me pressoit de partir. Quoique j'eusse évité de toucher la triste situation de Rose, Sara comprit qu'une fille exposée à un enlevement dont elle ne pouvoit se défendre, n'étoit pas dans une situation heureuse; & la tendresse de son cœur s'allarmant tout d'un coup pour la sœur de Patrice, elle fut la premiere à m'interrompre, pour exiger deux choses sur lesquelles elle insista avec la même ardeur. Vous feriez cruel, me dit-elle, de prêter les mains à l'enlevement de Rose, & de vouloir la marier malgré elle à Mylord Linck. Je sais qu'il est riche; mais le bonheur dépend-il des richesses ? Si la fortune de ma sœur ne répond pas à vos désirs, ajouta-t elle en s'autorisant déja d'un nom si tendre, faites la repasser en Irlande. Ne serai-je pas trop heureuse d'avoir une Compagne si chere, & de pouvoir contribuer à son établissement ? Et serrant les mains de son mari, elle lui demanda la liberté & le retour de Rose comme deux faveurs qu'elle vouloit obtenir.

Je démêlai dans les yeux de mon frere que son esprit n'étoit pas sans embarras. Cependant prenant parti sans balancer pour le sentiment de Sara, il se joignit à elle pour me prier de ne pas retarder l'exécution de ce qu'elle désiroit. Nous convinmes que sans nous expliquer ouvertement avec Mylord Linck, nous lui marquerions notre reconnoissance dans les termes dont je m'étois déja servi, & que s'il étoit même disposé à partir aussi-tôt que moi, je ne refuserois pas de faire le voyage avec lui. Sara n'attendit point que je représentasse la nécessité où j'étois de faire auparavant celui d'Antrim. Elle me dit qu'il étoit juste que Patrice & elle fussent chargés de tous les frais de mon entreprise, tandis qu'ils me chargeoient eux-mêmes de la peine & du succès. Mon départ fut reglé pour le lendemain. Je communiquai sur le champ cette résolution à Mylord Linck, qui ne balança point à répondre qu'il seroit prêt à m'accompagner.

Après tant de soins & d'inquiétudes j'aurois commencé à trouver quelque douceur dans l'espérance, si j'eusse pû partir plus tranquille sur les dispositions de Patrice. Je m'entretins de cette idée une partie de l'après-midi, en attendant l'occasion de lui parler sans témoins. Sa fiévre étoit toujours ardente, & de quelque maniere qu'il fallut expliquer l'air de complaisance que j'avois crû lui voir pour son épouse, je ne pouvois attribuer les désordres de sa santé qu'aux agitations de son esprit. Le moment que je souhaitois arriva : l'ayant trouvé seul, je vous quitte, lui dis-je, & si je vous laisse avec une santé incertaine, j'emporte du moins la douceur de vous croire un peu plus sensible au mérite de votre épouse. J'ai remarqué les progrès qu'elle a faits dans votre cœur, & j'en ai remercié le ciel au fond du mien. Il m'interrompit : Hé bien, me dit-il d'une voix languissante, partez avec cette opinion. Je souhaite qu'elle puisse la prendre aussi. Vous serez satisfaits tous deux, &

je

je ferai le feul miférable. Comment ? repris-je avec étonnement ; vous ne penfez pas à vivre heureufement avec elle, & vous lui refuferiez les fentimens qu'un honnête homme doit à une femme aimable & vertueufe ? Que fignifioient donc les careffes que vous lui faifiez tantôt ! Il me conjura de ne pas irriter fes peines, & de me fouvenir de ce qu'il m'avoit dit quatre heures auparavant, comme d'une regle dont il ne s'écarteroit jamais. J'ai l'humeur douce, continua-t-il ; je ne fuis point capable de réfifter aux avances d'une femme ; & lorfque Sara viendra m'accabler, comme tantôt, des marques obligeantes de fa tendreffe & de fon inquiétude, je n'aurai pas la brutalité de la repouffer : mais ce qui pourra fervir à fa tranquillité fera toujours inutile pour la mienne. Pourquoi me remettre fur cette trifte matiere, ajouta-t-il en s'interrompant lui-même ; ne vous fouvenez-vous pas de tout ce que je vous ai promis ?

Je crus qu'étant encore fi rempli de fes préventions, il étoit inutile de les combattre à la veille de mon départ. J'aurois rompu cet entretien à l'heure même, & le recommandant au ciel, je ne me ferois plus occupé que des prépa-

II. Partie. E

ratifs de mon voyage, s'il ne m'eût témoigné lui-même qu'il avoit quelque chose d'importance à me communiquer. M'étant raproché de lui, je remarquai que son visage s'étoit couvert de rougeur. Il me pria de l'écouter, & il me tint ce discours.

Hélas! quel détour dois-je employer pour vous découvrir un secret que les circonstances ne me permettent plus de vous cacher ? Vous partez pour Paris où vous esperez peut-être de retrouvrer des Pesses. Il en est bien éloigné. Si vous vous souvenez du récit que je vous ai fait à Killerine, vous m'avez entendu louer son zele, & confesser le penchant que j'avois à le servir auprès de Rose; mais ce que vous avez pû croire qu'il ne devoit qu'à ma reconnoissance & à mon amitié, venoit d'une autre cause. Après la ruine de nos affaires, & dans le tems qu'il m'offroit tout son bien pour les rétablir, je lui avois fait la confidence du plus sensible de mes maux. Ma passion pour Mlle de L... & son évasion imprévûe qui me faisoit ignorer jusqu'au chemin qu'on lui avoit fait prendre, toucherent un cœur à qui l'amour faisoit sentir les mêmes tourmens. Son intérêt le porta peut-être aussi à m'offrir un service dont le salaire devoit être de la même nature. En un mot il s'engagea à faire le voyage d'Allemagne, où j'étois persuadé que Mr. de L... s'étoit retiré avec sa fille, & à visiter plusieurs grandes villes où il avoit été employé pour les affaires du Roi. Le retour qu'il me proposa fut de lui ménager le cœur de Rose, tandis qu'il alloit parcourir la moitié de l'Europe pour m'en assûrer un que je croyois prêt à m'échaper. Dans l'ardeur d'une malheureuse passion je lui promis beaucoup plus qu'il n'osoit peut-être espérer. Ne m'étant jamais apperçû que Rose eût d'autres raisons de le rebuter, que celles que Georges lui avoit inspirées, je me flattai de les surmonter. Georges, lui dis-je, est pour long-tems à la Bastille; le Doyen vous aime; Rose même n'a jamais marqué d'aversion pour vous, & je me suis toujours imaginé qu'elle vous donneroit bien des préférences si elle écoutoit son cœur plus que son ambition. Enfin je lui promis d'avoir pour ses intérêts le même zele qu'il auroit pour les miens; & pour donner plus de force à cet engagement, je lui fis un écrit signé de mon nom, avec toutes les formalités qui peuvent lier un homme d'honneur.

Il est vrai qu'ayant voulu commencer aussi-tôt à prévenir Rose en sa faveur, je remarquai que fans le haïr, elle ne recevoit pas mes impreſſions auſſi facilement que je m'en étois flatté. Je l'aurois ſoupçonnée d'avoir le cœur rempli d'une autre paſſion, ſi je n'avois ſû depuis long-tems par des preuves certaines, que M. le Duc de... & Mylord Linch, les ſeuls hommes dont les ſoins avoient éclaté, étoient fort éloignés de lui plaire; & dans l'aſſiduité que j'avois à la voir au Couvent, je ne m'appercevois point qu'elle y reçût d'autres viſites que les miennes. Cependant un jour qu'ayant choiſi ſans deſſein une heure différente de celle que je prenois ordinairement pour la voir, j'étois ſeul à l'attendre à la Grille, je vis un Domeſtique ſans livrée qui préſenta pluſieurs fois ſa tête à la porte, comme s'il eût attendu quelque réponſe qu'il s'ennuyoit de ne pas recevoir. Ce fut du moins l'opinion que je pris de ſa curioſité, & ne pouvant réſiſter à la mienne, je lui demandai naturellement ce qui l'amenoit. Il me confeſſa qu'il attendoit les ordres d'une Penſionnaire du Couvent à qui il venoit de rendre une lettre. Mademoiſelle de... lui dis-je en nommant ma ſœur. Il avoua que c'étoit elle. Je pris ſur le champ une réſolution qui va vous ſurprendre. Fort bien, lui dis-je ; je serai discret, & je ne veux pas vous interrompre. Sortant ensuite du Parloir, je lui laissai le tems de recevoir la réponse qu'il attendoit ; mais j'étois à quatre pas de la porte avec mon laquais ; & l'ayant vû sortir, je l'arrêtai, en le menaçant des dernieres extrêmités s'il ne me remettoit la lettre qu'il venoit de recevoir. Dans un lieu désert, où nous ne pouvions être apperçûs de personne, il ne put éviter de me satisfaire. Je m'éloignai aussi-tôt pour retourner chez moi, où je voulois remettre à lire tranquillement une piéce si intéressante. Mon laquais m'avertit que l'autre nous suivoit ; mais n'ayant point de mesures à garder dans une affaire de cette nature, j'affectai de continuer mon chemin sans y faire attention.

Jugez avec quel empressement j'ouvris la lettre de ma sœur. Elle ne contenoit que six lignes dont j'ai retenu tous les termes. Je n'écouterai jamais, disoit-elle, une proposition qui blesse mon devoir. Ne la renouvellez plus, si vous voulez que je conserve l'opinion que j'ai de vous. N'est-ce pas assez d'avoir arraché de moi un aveu que je me reproche ; & quel fond ai-je à faire sur votre estime, sans laquelle je ne serois point sensible à votre tendresse, si les voyes que vous m'ouvrez ne sont propres qu'à me la faire perdre ? Attendez que mes affaires s'éclaircissent. Ce sera mon devoir alors de répondre à vos sentimens ; mais, c'est le vôtre aujourd'hui de ne pas abuser du penchant que j'ai pour vous, & de l'embarras où je me trouve.

Cette lecture, continua Patrice, ne me causa point d'autre émotion que celle de la surprise. Il n'étoit pas extraordinaire qu'une fille aussi aimable que Rose plût à tous ceux qui la connoissoient, & je ne lui faisois pas un crime d'être sensible elle-même à la tendresse d'un homme de mérite. D'ailleurs jugeant de ses engagemens par ses expressions, je ne pouvois l'accuser d'être sortie de certaines bornes, dans lesquelles il me semble que l'amour peut aisément s'accorder avec l'honneur. Mais je ne revenois point de ma surprise en considérant de quelle adresse elle avoit eu besoin pour nous déguiser une passion qui ne pouvoit être née nouvellement, & qui ne l'engageoit point dans un commerce de lettres, sans avoir fait de grands progrès dans son cœur. Je cherchois qui pouvoit être cet heureux amant qui étoit préferé au Duc de...; à des

Peſſes, & à Mylord Linch. Il ne ſe préſentoit rien à ma mémoire qui pût me faire ſortir de ce doute, lorſque mon laquais vint m'avertir qu'un homme bien mis, & d'une figure avantageuſe, demandoit à me parler. Il ajouta qu'il n'y avoit point d'apparence que j'en fuſſe connu, parce qu'en demandant à me voir, il n'avoit pû lui dire mon nom, & qu'il ne m'avoit déſigné qu'en lui demandant ſon maître. Je ne doutai point que cette viſite n'eût quelque rapport à la lettre de ma ſoeur, & toutes les craintes qui pouvoient me reſter d'un autre côté ne m'empêcherent pas de la recevoir. L'Inconnu étoit en effet un homme de bonne mine. Il s'avança fierement, & ne mettant pas moins de fierté dans le ton de ſa voix, il me demanda de quel droit, & par quelles vûes j'avois employé la violence pour m'emparer d'une lettre à laquelle je n'avois aucune part. Je ſouris de cette queſtion, qui ſentoit la menace; & ſans donner un air fort ſérieux à ma réponſe: Il eſt vrai, lui dis-je, que j'aurois des droits beaucoup plus clairs ſur Mlle de... ſi j'étois ſon pere: mais elle n'eſt que ma ſoeur. Ces deux mots ayant éclairci ſes doutes, il me fit des excuſes d'un air embarraſſé, & ſe jettant sur le mérite de Rose, il me félicita d'être le frere d'une personne si charmante. Oui, interrompis je d'un ton plus ferme; jeune & charmante, mais digne aussi d'être respectée par sa naissance & par l'honnêteté de ses sentimens. Et qui penseroit à elle sans prendre cette route, s'exposeroit à trouver de l'obstacle en chemin. J'approuve cette généreuse chaleur, me dit l'Etranger, & j'en ferai même valoir toute la justice; car ce n'est pas mon intérêt propre, ajouta-t-il, qui m'a conduit ici. Il se leva, & m'ayant renouvellé civilement ses excuses, il se retira sans vouloir être accompagné jusqu'à la porte.

Cette conversation me laissa plus d'inquiétude que de chagrin. L'opinion que j'avois de Rose, & les expressions mêmes de sa Lettre, me garantissoient assez sa vertu; mais j'aurois souhaité de pouvoir découvrir qui s'étoit mis si bien dans son cœur, & par quelle voye il y étoit parvenu. N'espérant ces lumieres que d'elle-même, je résolus de ne pas attendre qu'elle pût être prévenuë par son amant. Je retournai à sa grille; & ne la trouvant informée de rien, je pris occasion de quelques nouvelles instances en faveur de des Pesses, pour lui témoigner que je lui croyois d'autres raisons de froideur que son indifférence naturelle. Je ne voulus pas même l'exposer à recourir au déguisement pour se défendre ; & lui confessant que le hazard m'avoit appris ce que je ne cherchois point à pénétrer, je me plaignis qu'elle eût manqué de confiance pour un frere qui l'aimoit si tendrement. Elle n'étoit pas capable des artifices que j'avois voulu prévenir. La candeur étoit dans ses yeux & sur ses lévres. Elle prit mes mains en rougissant ; & me demandant pardon de sa timidité, me dit-elle, beaucoup plus que sa défiance, elle me promit de m'apprendre ce qu'elle se reprochoit depuis long-tems de m'avoir caché. Mais s'interrompant aussi-tôt ; vous le connoissez donc, reprit-elle en baissant les yeux ? Pouvez-vous m'apprendre son nom ?

Cette question prononcée avec feu, quoique d'un air rêveur, me fit trop connoître, que non seulement la blessure de Rose étoit profonde, mais qu'il y avoit quelque circonstance extraordinaire dans son avanture. J'étois impatient d'entendre cet étrange secret. Vous vous souvenez, me dit-elle enfin, de ce premier Bal où vous me conduisîtes avec Georges. L'assiduité que M. le Duc de.... eut auprès de moi, ne m'empêcha point de remarquer que j'étois observée avec autant de soin par un homme dont la figure & l'attention m'intéresserent beaucoup d'avantage. Il changea vingt fois de place, pour se saisir de celles qui l'approchoient de la mienne, ou qui lui donnoient plus de facilité à me regarder. Je veillois trop sur moi-même, pour lui laisser appercevoir que j'étois frappée de la persévérance de ses regards : mais il est vrai que j'en ressentis des effets qui m'étoient encore inconnus ; & j'aurois eu la curiosité de m'informer de sa qualité & de son nom, si la bienséance ne m'eût arrêtée. Ainsi je perdis l'unique occasion que j'aye euë de le connoître. Cependant d'autres soins ayant presque effacé ce souvenir, il ne m'en restoit qu'une foible impression, lorsque Georges prit le parti de vous laisser avec le Doyen, pour s'établir avec moi dans une maison différente. Je n'eus point d'autre motif pour le suivre, que l'ascendant qu'il avoit gagné sur mon esprit. Mais dès la premiere fois que je sortis pour aller à l'Eglise, je fus comme effrayée de me trouver à côté de ce même homme que j'avois pris plaisir à voir au Bal. Il me confessa qu'il ne devoit point cette rencontre au hazard. Toute son occupation avoit été de me chercher. Il trouvoit enfin l'occasion de m'expliquer une partie de ses sentimens. Que puis-je dire pour me justifier de l'avoir écouté ? Il me les expliqua en effet avec tant de respect & de douceur, que je sentis tout mon penchant se réveiller. Ma frayeur fit place à la confiance. Sans blesser la modestie dans ma réponse, je ne me défendis que par les raisons générales de bienséance & d'honneur qui ne me permettoient pas de recevoir ses soins sans l'aveu de mes freres. Loin de se plaindre de mes sentimens, il m'assûra qu'il s'estimoit heureux de les trouver tels qu'il s'y étoit attendu, & n'étant pas capable, me dit-il, d'aimer ce qu'il n'auroit point estimé ; il me fit des sermens de sincerité & de constance, dont il ne craignit point de prendre à témoin celui que nous venions adorer à l'Eglise. Mais lorsque je lui répétai que j'étois dans la dépendance de mes freres, & que je ne sçavois rien mettre en balance avec mon devoir, il m'avoua d'un air chagrin qu'une raison invincible le mettoit dans la nécesssité de se contraindre ; que portant un nom connu dans le monde, & jouissant d'une fortune assurée, il se promettoit bien que mes freres ne le rejetteroient pas lorsqu'il m'offriroit ouvertement ses soins, mais qu'il étoit forcé par un motif qui lui feroit honneur un jour à leurs propres yeux, de les tenir pendant quelque tems cachés ; qu'au nom de moi-même, & se proposant mon bonheur autant que le sien, il me conjuroit de les souffrir secrétement, & de regler même avec toute la rigueur de ma vertu la maniere dont il devoit me les rendre.

Cette proposition, continua Rose, me parut si offençante, que le dépit que j'en eus me fit rompre aussi-tôt un entretien qui n'avoit duré que trop long-tems. Non, lui dis-je, je ne connois point les traités de cette nature, & mon devoir m'apprend à fuir lorsqu'on ose me les proposer. Nous étions à la porte de l'Eglise, où la foule ne permettoit pas d'entrer aisément, ce qui pouvoit me faire craindre qu'il ne continuât de m'entretenir malgré moi. Mais si cette raison avoit favorisé le goût que j'avois pris d'abord à l'écouter, elle me servit encore de prétexte pour remonter brusquement dans le carrosse qui m'avoit amenée, & pour me faire conduire dans une Eglise plus éloignée.

J'étois si émû d'entendre Rose, que je ne pensois point à l'interrompre. Toute la satisfaction, poursuivit-elle, que je ressentis d'avoir préferé mon devoir au penchant de mon cœur, ne me défendit pas d'une secrette amertume, lorsque je me demandai à moi-même en soupirant, pourquoi l'un étoit si malheureusement contraire à l'autre, & par quelle disposition du ciel les douceurs qui paroissent attachées à nos foiblesses sont plus sensibles que celles de la vertu ? Les traits que je venois de voir m'étoient présens. Le son de la voix, le tour des expressions frapoient encore mes oreilles. Je trouvois un rapport si doux entre l'impression de mes sens & les mouvemens de mon cœur, qu'après bien des réflexions je ne pus douter que le sacrifice que je venois de faire ne fût celui de tout mon bonheur. Cependant je fus soutenue par l'idée de mon devoir. Le bal de l'Hôtel de Carnavalet, où je revis la cause de mes inquiétudes, ne changea rien à mes principes. J'évitai même de lui parler, & le regret de m'en éloigner n'eut point de part à la difficulté que je fis de vous suivre.

Je ne pûs m'empêcher de demander ici à ma sœur pourquoi elle n'avoit pas du moins consulté Georges sur une avanture si singuliére, & quelle raison elle avoit eûe de lui en faire un secret. Il ne m'entretenoit, me dit-elle, que des espérances qu'il avoit conçûes de me voir faire une fortune brillante. L'exemple de Mr. le Duc de... qui ne se rebutoit pas de toutes mes froideurs, lui faisoit croire qu'il me suffiroit de paroître à la Cour, ou dans les belles assemblées de la ville, pour m'attirer une foule d'amans. Je n'aurois pas eu la hardiesse de lui confesser l'inclination que je me sentois pour un inconnu. Vous m'avez accoutumée tous trois, ajouta-t-elle tendrement, à vous respecter comme autant de maîtres. Et revenant à son récit; Je pouvois donc me flatter, reprit-elle, d'avoir le cœur libre, mais il n'en étoit pas plus disposé à prendre d'autres engagemens, dont cette avanture même m'avoit fait perdre le goût. Ainsi des Pesses & Mylord Linch étoient peu capables de me toucher. Ce ne fut que ma soumission pour le conseil de mes freres qui me détermina successivement à les souffrir. Rappellez-vous l'inclination que j'avois pour la solitude, j'y prenois triſtement plaiſir à me retracer le bonheur auquel j'avois renoncé, & je me fortifiois dans mon indifférence pour les hommes, à meſure que je croyois m'endurcir contre le ſeul qui m'auroit ſû plaire. Cependant à peine ſommes-nous arrivés à Paris, que la vûe de Mlle de L... dont vous m'avez procuré la connoiſſance, votre tendreſſe mutuelle, vos proteſtations d'amour & de conſtance, enfin votre bonheur dont j'ai été témoin, m'ont fait ſentir plus que jamais qu'il manquoit quelque choſe au mien. Je n'ai pû vous déguiſer mes ſentimens. Vous m'en avez arraché l'aveu par vos inſtances & vos careſſes. C'eſt à cette funeſte confidence qu'il faut attribuer tous nos malheurs. Quand la néceſſité m'a fait prendre le parti d'entrer dans ce Couvent, j'en ai beni le ciel, & j'ai conſideré que pour une femme qui n'a rien à eſpérer de l'amour ni de la fortune, la retraite eſt un partage qui ne peut être choiſi trop tôt. Je ne ſais à quoi cette réflexion m'auroit portée, ſi dès le ſecond jour de mon entrée dans cette Maiſon je n'étois retombée dans de nouvelles peines par une avanture imprévûe. On m'avertit qu'une perſonne me demande à la Grille. Je me figure que c'eſt vous ou des Pesses. Mais imaginez-vous ma surprise, lorsqu'en ouvrant la porte de ce Parloir, j'apperçois mon inconnu. Peut-être devois-je me retirer. On est redevable aussi de quelque chose à la bienséance. Il est certain que je demeurai d'abord irrésolue, & qu'ayant remarqué mon embarras, il me fit des instances si respectueuses & si tendres, qu'elles eurent la force de m'arrêter. Sans m'apprendre comment il avoit découvert ma demeure, après s'être donné cent tourmens inutiles pour la trouver pendant notre séjour aux Saisons, il me conjura de décider de sa vie, qu'il faisoit dépendre de la pitié qu'il me demandoit. Je fus attendrie de son air, où je crûs demêler en effet de l'abbattement & de la langueur. Cependant m'étant rendue maîtresse de ce sentiment, je ne balançai point à répondre que je me trouvois offensée d'une visite qui blessoit tous les devoirs, & que je ne recevois personne qui ne me fût présenté par mon frere. Je me tournai pour le quitter. Il se jetta à genoux : Ne désesperez pas, me dit-il, un homme qui vous adore ; je n'ose vous vanter le prix de mon cœur, mais vous le connoîtrez... Quoi ? interrompis-je ; sans avoir pris la peine de vous expliquer avec mon frere ? Cette réponse qui m'échappa dans mon émotion, acheva de le consterner. Ah ! s'écria-t-il, j'ai de si cruelles raisons de me taire, que vous les approuverez vous-même un jour. Mais elles finiront. Je ne vous demande que la permission de vous aimer, & l'espérance de l'être un jour de vous. Je renoncerai même à vous voir, je me ferai cette affreuse violence, si vous me flattez du moindre espoir pour un avenir qui ne peut être fort éloigné. Ne voyant rien dans ces instances qui pût m'engager à une composition honorable, je le quittai sans répliquer, après l'avoir salué civilement. Il ne s'est pas présenté depuis à la Grille. Mais ce matin même il m'est venu une lettre que j'ai ouverte avec précipitation, dans la seule pensée qu'elle pouvoit avoir quelque rapport à nos affaires. Quoiqu'elle soit sans nom, & que je n'aye aucune raison d'en connoître le caractére, j'ai reconnu aux premieres lignes qu'elle venoit de lui. Il paroît informé, non seulement du malheur de Georges & du vôtre, mais du besoin même où je suis de mille choses necessaires à la commodité de la vie. Il plaint mes peines en amant passionné; & ce qu'il se propose uniquement, dit-il, étant ma tranquillité & mon bonheur, il me conjure d'accepter une maison toute meublée, où je serai servie au gré de mes désirs, & où il me promet de ne me pas voir avant que ses affaires lui laissent la liberté de m'offrir sa fortune & sa main. Voyez si ma franchise est sans réserve ; je ne puis vous cacher que cette apparence de désintéressement m'a touchée jusqu'au fond du cœur. J'ai versé des larmes sur mon sort, qui me condamne à rejetter les adorations d'un homme si aimable & si généreux. Je n'ai pû me défendre de lui faire du moins une réponse civile. En refusant ses offres, je lui fais espérer par quelques termes vagues, que si ses affaires & les miennes peuvent s'éclaircir.... enfin que si les justes difficultés qui m'arrêtent venoient à cesser...

Je vous entends, intérompis-je, pour soulager son embarras que je voyois augmenter. Voilà des apparences qui annoncent un amant extraordinaire ; & je vous reproche de ne m'avoir pas donné plûtôt ces lumieres, qui auroient pû servir d'abord à me faire découvrir du moins son nom. Mais que faut-il penser, ajoutai-je, de ces raisons obscures qui l'empêchent de suivre ses défirs, & qui semblent lui faire même appréhender d'être connu ? Est-il si jeune qu'on puisse le croire gêné par l'autorité de sa famille ? Elle me dit que son âge ne devoit pas être fort au-dessous de trente ans. Auroit-il quelque procès, repris-je, quelque affaire d'honneur qui l'oblige de se cacher, ou peut-être quelque tache avec laquelle il n'ose paroître dans le monde ? Je remis ainsi devant les yeux de Rose, tout ce que la sagesse pouvoit lui faire craindre, moins pour combattre un penchant qui me paroissoit fortement déclaré, que pour observer la parole que j'avois donnée à des Pesses, en évitant du moins de prendre parti contre ses intérêts. Cette adresse me réussit. Rose toute remplie de ces idées, ne pensoit qu'à me faire expliquer sur les premiers discours qui avoient été l'occasion de son récit. Elle m'embarrassa d'abord par ses instances ; mais étant devenuë moins pressante, lorsque je l'eus assurée que je ne connoissois point le nom de son amant, j'eus le tems d'arranger mes explications d'une maniere qui n'étoit point capable de la chagriner. Je lui laissai même ignorer que je m'étois saisi de sa Lettre ; & j'observai dans tout le reste, un tempérament dont elle fût satisfaite.

Cependant je souhaitois ardemment la fin de cette conversation, pour suivre l'espérance que j'avois de découvrir cet amant inconnu. A peine eus-je quitté Rose, que je mis deux hommes en garde à la porte du Couvent, avec ordre d'observer si l'on venoit demander ma sœur; & de se détacher l'un ou l'autre pour venir sur le champ m'en avertir. De mon côté, je me rendis chez moi, où je n'étois pas sans espérance de recevoir une seconde visite de l'Etranger que j'avois déja vû. S'il me refusoit d'autres éclaircissemens, ma résolution étoit de le faire suivre, ou de prendre moi-même cette peine à toutes sortes de risques. Trois jours d'attente & de vigilance continuelle ne m'ayant procuré aucune lumiere, mon inquiétude ne fit qu'augmenter; & se joignant avec un autre embarras, qui étoit celui de la nécessité, que je commençois à craindre non-seulement pour moi, mais pour Rose à qui des Pesses s'efforçoit en vain de faire accepter quelques nouveaux secours, je formai le dessein du voyage d'Irlande pour venir réveiller votre tendresse & votre zele. Je le communiquai à Georges & à ma sœur, qui l'approuverent. Des Pesses à qui la mort de son pere avoit fait différer son départ pour l'Allemagne, résolut de se mettre en chemin presqu'au même tems, dans l'espérance d'être à Paris aussi-tôt que moi, & de nous rejoindre avec d'heureuses nouvelles. Un ample héritage dont il se trouvoit le maître augmenta sa confiance & son zéle. Il me prêta cent pistoles, que je ne fis point difficulté de recevoir d'un ami. Rose s'obstina encore à refuser toutes ses offres, autant par la crainte de lui donner quelque avantage sur elle, que dans la pensée qu'elle pourroit se soutenir jusqu'à mon retour. Enfin je quittai Paris, tandis que des Pesses prenoit la route d'Allemagne.

Vous concevez, ajouta Patrice, que si je vous ai caché ces circonstances en arrivant à Killerine, c'étoit pour vous épargner des inquiétudes qui n'auroient rien changé au sort de ma sœur; & par rapport à moi il étoit inutile alors de vous communiquer l'entreprise de des Pesses, comme il le seroit encore aujourd'hui, si je ne me croyois obligé de faire entrer cette considération dans ma conduite. Hélas! reprit-il avec un profond soupir, que cette réflexion lui arrachoit; que pensera-t-il de l'inconstance de mes résolutions & de l'abîme où je me suis précipité! Mais si j'ai sacrifié à ma famille toute la tendresse & tous les liens de mon cœur, je n'en suis pas plus dégagé de la promesse que j'ai faite à mon ami. Je ne puis accorder à Mylord Linch le consentement qu'il demande pour épouser Rose. Je ne le ferois pas au prix de ma vie, quand elle y donneroit le sien; bien moins sans doute lorsqu'il est question de faire violence à une sœur si chere. J'admire que Georges, dont je connois le caractére, ait pû se prêter à cette proposition. Et ne vous flatez pas, me dit-il encore, de lui faire perdre les sentimens qu'elle a pour son inconnu. Après m'avoir découvert le secret de son cœur, elle sera constante. Là-dessus il me pria de commencer par la mettre en sûreté contre les entreprises de Mylord Linch, qui la tenoit comme assiégée; & si elle ne se portoit pas, comme il le craignoit, à repasser en Irlande avec moi, de l'engager avec douceur à rentrer pour quelque tems dans le meilleur Couvent de Paris, jusqu'à ce qu'il eût pris une certaine connoissance de ses affaires domestiques.

Il me communiqua aussi ce qu'il pensoit de la situation de Georges. Son affaire étoit trop récente, me dit-il, pour espérer que la Cour ajoutât si-tôt quelque chose à l'espece de faveur qu'il en avoit déja reçûe. Mais il vient un tems où toutes les offenses s'effacent par l'oubli, & diverses personnes de considération paroissoient persuadées qu'à l'exemple du Comte de R... il pourroit un jour sortir de ses fers, à condition de quitter la France, ou d'y demeurer sous un autre nom. On ne vous refusera point l'entrée de sa prison, me dit Patrice, & vous apprendrez de lui-même jusqu'où vos sollicitations lui seront nécessaires pour soutenir celles de ses amis.

Il étoit tems de finir un entretien qui pouvoit être nuisible à sa santé; mais lorsque je lui parlai de mes derniers adieux, en lui promettant de lui épargner les importunités de Mylord Linch; Arrêtez, me dit-il d'un air attendri, & comme s'il eût remis à ce moment le soin de ses propres intérêts que d'autres réflexions avoient suspendu; ne partez pas sans m'apprendre ce que vous direz de ma part à des Pesses. Vous le reverrez tôt ou tard à Paris. Que lui direz-vous lorsqu'il vous demandera ce qui me retient en Irlande, & pourquoi je ne suis point en France aus-

sitôt que lui ? Que lui répondrez-vous, si vous rendant compte de son voyage il vous apprend qu'il a découvert la retraite de Mademoiselle de L....; & qu'il m'apporte peut-être quelque nouveau témoignage de sa tendresse & de sa fidélité ? Comment justifierez-vous la fatale démarche où vous m'avez engagé ? car l'estime d'un honnête homme doit être comptée pour quelque chose ; & lui qui sçait par quels nœuds j'étois lié, se persuadera-t-il jamais que j'aye dû les rompre par des nécessités plus fortes que tous les engagemens de l'honneur & de l'amour ? Le voyant pénétré de cette idée jusqu'aux larmes, je ne voulus point entrer dans de nouvelles discussions. Laissez, répondis-je, ces fausses idées de vos premiers engagemens, & persuadez-vous que l'amour & l'honneur vous imposent des loix plus saintes & plus inviolables. Il me sera aisé de convaincre des Pesses que vous avez pris le parti du devoir ; & s'il a cherché vos intérêts dans le voyage d'Allemagne, il se réjoüira de les voir assurés par des voyes plus honnêtes & plus courtes. J'exigeai enfin que sans se livrer davantage à des regrets aussi honteux qu'inutiles, il me laissât donner le reste du jour aux préparatifs

tifs de mon départ. Ma satisfaction, ajoutai-je, auroit été de vous accompagner jusques dans vos Terres ; mais je vous laisse entre les mains d'une Epouse dont la tendresse n'attend point le secours de la mienne, & tout abatu que je vous vois de votre fiévre, je la crois peu dangereuse & je pars sans inquiétude. S'il reste à Rose un peu de docilité pour mes conseils, vous ne vous plaindrez pas que nous soyons trop lents à vous rejoindre.

 Je fis appeller Sara & Dilnick, qui avoient eû l'attention d'ordonner que nous ne fussions pas interrompus. Leur ayant déclaré que j'étois résolu de partir le lendemain, nous réglâmes de concert que Patrice prendroit le nom de Mylord N... c'est-à-dire, celui qui étoit attaché depuis plusieurs siécles au Chef de notre Maison. Il n'étoit point à craindre que Georges, qui ne pensoit point à s'établir en Irlande, vînt jamais leur disputer ce titre, & je comptois d'obtenir son approbation en arrivant à Paris. Je saluai Sara par le nom de son Mari, & le soin que j'eus de disposer favorablement l'esprit de Mylord Linch ayant délivré Patrice des importunités qu'il redoutoit ;

II. Partie.   F

je me trouvai assez libre après tant d'agitations, pour n'être plus occupé que de mon voyage.

Fin du troisiéme Livre.

LIVRE QUATRIEME.

TOUTES les réflexions que j'aurois pû faire sur la conduite & sur la situation de Rose, ne pouvant servir à régler mes résolutions dans l'éloignement, je ne pensai qu'à choisir la route la plus courte, & à prévenir tous les obstacles dont l'approche d'une furieuse guerre sembloit nous menacer en chemin. Mylord Linch, toûjours déterminé à m'accompagner, me représenta qu'en traversant l'Angleterre nous devions nous attendre à mille questions pressantes, auxquelles il ne seroit pas toûjours aisé de satisfaire. Quoique le prétexte de ses voyages de France eût été jusqu'alors son éducation, il entroit dans un âge où cette raison commençoit à manquer de vraisemblance. On ne voit point sans quelque défiance, à la veille de la guerre, un Gentilhomme quitter sa Patrie pour passer chez l'Ennemi de son Maître. C'étoit cette réflexion qui lui avoit fait tenir son arrivée secrette, & il paroissoit souhaiter que son départ ne le fût pas moins. Moi-même, je ne pouvois faire éclater le mien sans me mettre dans la nécessité de le communiquer au Gouvernement. Si nous voulions éviter néanmoins de prendre la route commune, il falloit attendre des occasions qui ne se présentent pas continuellement ; & nous exposer à des délais qui ne s'accordoient point avec notre impatience. Mylord Linch, suivant le conseil d'un petit nombre d'Amis fideles ausquels il s'étoit ouvert, me proposa de nous rendre à Waterford, Ville Méridionale d'Irlande, où nous pouvions espérer qu'il se trouveroit quelque Vaisseau François prêt à faire voile, avec d'autant plus de vraisemblance, que le bruit même de la guerre faisoit déja penser tous les Marchands à se retirer dans leurs Ports. Je me rendis à ses raisonnemens ; & suivis seulement chacun d'un Domestique, nous quittâmes Dublin sur des lumieres si vagues. Il se trouva en effet à Waterford un Vaisseau du Havre, mais qui ne devant partir que dans dix jours, nous laissoit plus embarassés pendant cet intervalle, que nous n'avions appréhendé de l'être en traversant l'Angleterre. J'étois d'avis de retourner à Dublin, où nos vûës auroient été du moins plus à couvert que dans une Ville de Province. Le sentiment de Mylord Linch prévalut encore. Ses Terres n'étant pas extrêmement éloignées du lieu où nous étions, il me pressa d'employer un tems qui étoit nécessairement perdu pour nous, à visiter ce Tresor héréditaire, dont il ne doutoit pas, me dit-il, que Patrice ne m'eût entretenu. Il sera utile, ajoûta-t'il, à nos intérêts communs, que vous ayez quelque conoissance de la situation & de la valeur de ce dépôt, autant pour confirmer le témoignage que j'en ai rendu au Roi Jacques, que pour lui faciliter les moyens de s'en mettre en possession. J'y consentis, parce que les circonstances m'en faisoient une nécessité, & je fus même sensible à la confiance d'où cette offre sembloit partir. Linch se regardoit déja comme lié à ma famille, & ne distinguoit plus nos intérêts des siens. Je m'observois néanmoins dans tous mes discours, pour ne laisser rien échapper qu'il pût faire valoir comme un engagement. Sans me repentir de la conduite que j'avois tenuë dans celui de Patrice, je ne pouvois me défendre d'une espéce de frayeur lorsque je me rappellois les agitations où je l'avois laissé, & plus timide encore à l'égard de Rose, j'étois bien résolu de ne me pas charger des suites de son Mariage en y contribuant par des voyes qu'elle pût me reprocher.

Nous nous rendîmes à la principale Terre de Mylord Linch, avec la précaution de n'y arriver que dans l'obscurité, pour tenir cette partie cachée dans son voisinage. Il se reposoit absolument sur la fidélité de ses Domestiques, qui étoient tous de la Religion Romaine, & attachés depuis long-tems à sa famille. Dès la même nuit il me fit monter avec lui dans une chaise, & sans autre témoin qu'un Valet fort âgé qui nous conduisoit, nous gagnâmes une Forêt qui touchoit à son Parc, où l'épaisseur des arbres ne nous permit d'entrer qu'en mettant pied à terre. Une lanterne servit à nous conduire dans ce labyrinthe, dont Linch même ne connoissoit les détours qu'à la faveur d'un Mémoire qu'il étoit obligé de consulter à chaque moment. Enfin nous arrivâmes dans un lieu fort enfoncé, dont le Mémoire faisoit une description trop exacte pour s'y méprendre. Je me reconnois ici, me dit Linch, j'y suis venu dans ma premiere jeunesse avec mon Pere. Il fit lever en effet, sans autre information, l'épaisseur d'environ deux pieds de terre, qui couvroit l'entrée du caveau. Nous levâmes une pierre fort large, sous laquelle étoit un trou qui nous conduisit par une pente assés douce jusqu'au fond de ce souterrain.

Il n'y avoit point d'autre ornement, que quelques planches grossiéres, qui étoient rangées l'une proche de l'autre, pour garantir de l'humidité plusieurs grands coffres où le trésor étoit renfermé. Linch en avoit les clefs; & chacun étoit distingué par différens signes. Les coffres furent ouverts successivement. J'y vis avec admiration, les dépouilles de plus de cent Eglises, autrefois florissantes, dont les noms étoient écrits sur chaque piéce qui leur avoit appartenu. Quelques-unes avoient eu soin d'y joindre le procès verbal de cette déposition, avec quantité de circonstances qui en faisoient connoître le tems & les motifs. La plûpart des piéces, étoient des Chefs & des Bras d'argent, des Chandeliers, des Croix, & divers sortes de vaisseaux qui servent aux cérémonies Ecclésiastiques. Un mouvement de respect dont je fus saisi à la vûë de ces vénérables monumens de la piété de nos ancêtres, me fit remercier le Ciel à genoux de les avoir conservés. Mylord Linch qui continuoit pendant ce tems-là, de visiter quelques cassetes sur lesquelles il avoit été surpris de trouver le nom de sa famille, poussa tout d'un coup un cri de joye, en ouvrant un papier dont il reconnut le caractere pour l'écriture de son pere. Il étoit adressé à lui-même. Dans cette boëte, mon fils, lui disoit ce pere vertueux, vous trouverez tous les joyaux de votre mere. Ne les donnez avec votre main & votre cœur, qu'à une femme digne de les porter après elle, & souvenez-vous du récit que je vous ai fait en mourant.

Je suis intéressé, me dit Linch, après m'avoir lû ces quatre mots, à vous éclaircir ces obscurités. J'ai perdu mon pere dans un âge fort tendre. Il m'aimoit, non seulement comme un fils unique, mais comme le seul fruit d'une passion immoderée, qu'il ne pût vaincre même après la mort de ma mere, & malgré les raisons extraordinaires qu'il eut de se consoler de cette perte. Elle étoit née sans biens, mais son mérite lui tenant lieu de richesses, toute la Province avoit applaudi au choix de mon pere qui étoit l'héritier d'une grosse maison, lorsqu'il l'avoit préferée à cent partis d'une fortune égale à la sienne. L'éclat d'une alliance si supérieure à leur situation ne permit point aux parens de ma mere de consulter d'autres regles, ni à elle d'écouter d'autre penchant. Ainsi l'ambition & l'amour se lierent avec des vûes fort différentes, & contribuerent néanmoins au soutien l'un de l'autre comme des sentimens qui se seroient mieux accordés. Mon pere toujours passionné ne s'apperçut qu'il manquoit une certaine ardeur à la tendresse de ma mere, que pour ranimer sans cesse la sienne par le désir de la posséder plus parfaitement; & ma mere livrée à l'ambition, se fit long-tems comme un triomphe de regner avec un empire absolu sur un coeur qui s'efforçoit inutilement de toucher le sien. Leur plus grand malheur fut que n'étant point d'ailleurs insensible, elle ne se défendit pas si bien contre le mérite d'un Gentilhomme du voisinage, qui employa une partie de son bien pour lui déclarer ses sentimens par toutes les fêtes & les galanteries que l'amour peut inventer. C'est-à-dire qu'elle l'aima; car la vertu & l'honneur étant ses premieres maximes, elle sut se garantir de toutes les foiblesses de l'amour. Mon pere, à qui sa passion ne laissoit point de repos, n'y joignit pas moins le malheureux tourment de la jalousie. Il passa quelques mois aussi occupé à défendre le coeur de son épouse contre les soins

F v

d'un autre, qu'à le vaincre par les siens. C'étoit lui naturellement qui devoit manquer de forces le premier, dans un combat si rude; mais une maladie mortelle, qui réduisit ma mere en peu de jours à la derniere foiblesse, lui fit connoître qu'il étoit destiné à lui survivre. Elle souhaita de l'entretenir seul peu de momens avant que d'expirer. Vous vous croyez à plaindre, lui dit-elle, & j'ai remarqué depuis quelques mois que vous êtes mortellement agité: vous seriez-vous trompé jusqu'à me croire plus tranquille & plus heureuse? Comparez aujourd'hui nos peines, & confessez que les plus fortes sont celles qui vont me mettre au tombeau. Dans ce dernier moment, où la justice & la vérité sont les les seuls devoirs qui m'occupent, je sens que je vous tromperois si je voulois vous persuader que je vous aye jamais aimé. Mais si vous m'aviez soupçonné d'avoir manqué aux engagemens de la bonne foi & de l'honneur, en un mot à toutes les loix qu'une femme s'impose dans la cérémonie du Mariage, vous offenseriez cruellement ma mémoire. Voyez ce qu'il m'en coûte pour les avoir bien observées; je meurs. Elle expira peu de momens après. Mon Pere, continua

Linch, ne vit dans cet aveu qu'un exemple admirable de constance & de vertu. Il s'accusa lui-même d'avoir ignoré les moyens qui peuvent toucher le cœur d'une femme, ou d'avoir manqué d'habileté à les prendre, puisque son épouse ayant combattu si généreusement pour son devoir, c'étoit une marque qu'elle en avoit le goût, & qu'elle n'avoit eu besoin pour y trouver de la douceur que d'être aidée par l'étude & les soins d'un Mari. Cette idée ne l'abandonna point pendant toute sa vie. Elle servit même à l'abréger par les regrets & les tourmens dont elle empoisonna le reste; & touchant enfin à sa derniere heure, il me fit ce récit, avec une exhortation à ne me rebuter jamais des froideurs d'une femme vertueuse.

Ce fut alors, ajoûta Linch, qu'il me remit le Mémoire dont nous venons de faire usage. Dans l'âge tendre ou j'étois encore il me conseilla d'aller faire mes exercices à Paris, & d'y attendre des circonstances plus tranquilles pour retourner dans ma Patrie. Plunck, qui étoit mon proche Parent, fut mis dans le secret, & reçut le double du Mémoire, comme une précaution contre toutes sortes d'accidens. Etant jeune & sans

F vj

bien il se soumit volontiers aux dernieres dispositions de mon Pere, qui lui ordonna de suivre le cours de ma fortune, & à moi de prendre toûjours soin de la sienne. C'étoit de concert que nous avions pris le parti de nous faire un mérite auprès du Roi Jacques, des richesses que nous pouvons ici lui procurer. Mais outre la difficulté de les faire transporter en France, du sein de l'Irlande, le malheur de Plunck & l'agitation continuelle où j'ai vecu depuis sa mort, ont interrompu notre entreprise.

Je n'avois, me dit encore Mylord Linch, qu'une connoissance générale de ce qui est renfermé dans les trois caisses qui m'appartiennent ici; mon Pere m'avoit seulement averti que j'y trouverois ce qu'il avoit de plus précieux. Nous y laisserons tout ce qu'il nous seroit mal-aisé d'emporter; mais cette Boëte qui ne peut nous incommoder sur la route, vous comprenez à qui je la destine; & vous devez comprendre aussi qu'en m'obstinant à vaincre les rigueurs de la belle Rose, je n'agis point sans autorité ni sans exemple.

Les commencemens de son discours m'avoient fait prévoir cette conclusion. Il me paroissoit clair que la derniere déclaration de son Pere étoit au contraire une instruction pleine de sagesse, par laquelle il avoit voulu le précautionner contre un engagement aussi malheureux que le sien, & je croiois m'être apperçû qu'il avoit été obligé de faire quelquefois violence aux expressions qu'il prétendoit me rapporter d'après lui, pour en détourner le sens à son avantage. Mais je sçavois que l'aveuglement de l'amour consiste précisément dans cette malheureuse obstination qui lui faisoit tout expliquer en sa faveur, & ce n'étoit pas le tems de combattre Linch par des raisonnemens que je n'aurois pû lui faire goûter. En y faisant réflexion, je ne trouvois pas non plus dans l'exemple de son Pere de quoi m'inspirer le moindre remord de ce que j'avois fait pour Patrice; car je mettois une différence extrême entre épouser une femme malgré elle, & sans espérance par conséquent d'en être aimé; ou se laisser persuader d'en épouser une pour laquelle on est à la vérité sans amour, mais dont on est sûr d'être aimé tendrement, & pour laquelle on espere par conséquent que la raison & la reconnoissance feront prendre tôt ou tard des sentimens plus tendres. Le dernier de ces deux Mariages, peut s'accorder également avec la Religion & l'honneur; au lieu qu'en y pensant, je ne faisois que me persuader de plus en plus que l'autre est l'entreprise d'un Furieux, qui cherche sa satisfaction aux dépens de celle d'autrui; & qui s'aveugle même sur ce qu'il croit propre à causer la sienne, puisque le supposant capable d'aimer, il est impossible qu'il soit long-tems heureux en faisant le malheur de ce qu'il aime.

Cependant la sûreté de Rose m'obligeant toûjours de me contraindre, je ne répondis que par des civilités qui ne m'engageoient à rien, & je ne m'opposai point au dessein qu'il avoit de lui présenter les joyaux de sa Mere. Nous ne quittâmes le Caveau qu'après avoir continué long-tems d'en examiner toutes les richesses. Avec le trésor de l'Eglise & la vaisselle d'or ou d'argent de la Maison de Linch, il y avoit environ cinq cens mille francs de diverses monnoyes, qui avoient été levés secrettement pour le secours du Roi & de l'Eglise au tems de la révolution. En sortant de ce lieu obscur, Linch me pria d'observer les environs, autant que la nuit me le permettoit, & de m'en former une image qu'il me recommanda de conserver fidellement. Nous retourhâmes à son Château, où notre entretien pendant plusieurs jours roula sur les moyens de faire passer le trésor à Saint Germain. J'évitai de parler de Rose ; ou si je fus forcé d'entendre les répétitions ennuyeuses d'un Amant, je me bornai à flatter ses inquiétudes par la promesse de l'aider de mes sollicitations, qui étoit la seule que je pusse lui faire sincerement.

Le Capitaine du Vaisseau étant dans notre secret, nous évitâmes par son adresse tout ce qui pouvoit nous faire reconnoître à Waterford. Notre embarquement ne fut pas moins heureux, & huit jours de navigation nous rendirent au Havre, où nous prîmes aussi-tôt la Poste pour Paris. L'impatience de Linch lui faisoit souhaiter d'aller descendre directement chez ma Sœur. Il se croyoit sûr de vaincre avec mon secours ; & se regardant déja comme mon Frere, il ne faisoit plus difficulté de m'en donner le nom. L'ardeur de ses sentimens me disposoit en effet à le servir. Je reconnoissois au fond que son alliance étoit ce que je pouvois attendre de plus honorable & de plus avantageux pour ma Sœur. Mais de combien d'autres soins n'étois-je pas troublé, & de quelles précautions n'avois-je pas besoin dans toutes les obscurités que j'avois d'abord à démêler ? Mon envie la plus pressante étoit de commencer par entretenir Rose, & de la surprendre seule, occupée du travail dont elle m'avoit faite une peinture si touchante.

Le fruit que je tirai de l'empressement de Mylord Linch, fut d'être informé aussi-tôt que lui des observations de trois de ses Domestiques, qu'il avoit laissés aux environs du logement de Rose, & de celles d'une femme qui avoit occupé pendant son absence l'appartement dont il avoit fait percer le mur. Nous étions descendus au même lieu. Il les fit avertir d'y venir recevoir ses ordres. La femme de chambre nous communiqua peu de lumieres ; elle nous dit seulement qu'entendant la voix de ma Sœur, sans avoir jamais pû distinguer ses paroles ; elle avoit remarqué qu'elle parloit rarement ; mais qu'autant qu'elle en pouvoit juger par le ton soutenu d'une autre voix, elle se faisoit faire quelque lecture à divers momens du jour. La commission des trois Domestiques ayant été de veiller au dehors, leur rapport fut plus intéressant. Ils nous assurerent que depuis environ trois semaines que leur Maître étoit parti, ils avoient vû regulierement un homme sans livrée, qui étoit entré dans sa Maison deux fois le jour, & qui y passoit chaque fois près d'un quart-d'heure. Comment, s'écria Mylord Linch, dans un transport de jalousie, vous ne l'avez pas suivi dès la premiere fois à la trace, & vous ne l'avez pas forcé de vous apprendre à qui il appartient. Il nous l'a confessé volontairement, répondit un des Laquais, aussi-tôt que nous l'avons interrogé. Il est, dit-il, au service d'un Ecclésiastique Irlandois, nommé le Doyen de Killerine. Nouvel éguillon qui irrita mortellement la jalousie de Mylord Linch; car il étoit évident que c'étoit l'artifice de quelque Amant caché, à qui mon nom avoit servi de voile. J'en eus quelque effroi moi-même, quoique je m'efforçasse d'appaiser le ressentiment de Mylord Linch, & je pressai ses gens d'achever leurs explications. Ils ajouterent qu'ils avoient vû quelques carosses s'arrêter plusieurs fois vis-à-vis la porte, mais que ceux qui étoient dedans, n'en étant point descendus, & ne s'étant même arrêtés qu'un moment, ils n'avoient pû deviner leur nom, ni pénétrer leurs desseins. Il en étoit de même de quantité de personnes qui étoient entrées en divers tems dans la Maison, & qu'ils n'avoient osé suivre ni interroger sur de si légers prétextes ; de sorte que le principal sujet d'inquiétude tomboit sur cet homme régulier, qui ne manquoit point de se faire voir deux fois le jour.

Mylord Linch ne revenant point de son agitation, se proposoit d'abord de se mettre lui-même en garde dans la rue de ma sœur ; & de le forcer le poignard à la main, de confesser par qui il étoit employé. Je lui fis prendre des sentimens plus modérés, en lui représentant que l'honneur d'une personne qu'il jugeoit digne de son affection, demandoit plus de ménagemens ; que c'étoit tout ce que le désespoir auroit pû lui conseiller, s'il eût été question de chagriner un amant plus heureux que lui ; mais que ne pouvant se livrer à ce soupçon sans blesser injustement ma sœur, il devoit me laisser le soin d'approfondir un mistere auquel je devois prendre autant d'intérêt que lui. En lui parlant avec cette froideur, peut-être n'étois-je pas exemt moi-même des soupçons que je voulois éloigner de son esprit ; mais je souhaitois d'être seul à les éclaircir, & d'en ensevelir la cause si j'étois assez malheureux pour les vérifier.

Mes raisons persuaderent Linch. Il

me donna un de ses gens pour me conduire chez ma sœur. A quelques pas de chez elle ce garçon me fit appercevoir le messager qui causoit les allarmes de son maître, & qui venoit de l'autre côté de la rue sans jetter les yeux vers nous. Ma résolution étoit de l'interroger, & de lui faire honte de son artifice. Mais quel fut mon étonnement de le reconnoître pour l'ancien valet de chambre de des Pesses? Il ne m'eut pas plutôt apperçû lui-même, que se précipitant audevant de moi, il me marqua par ses transports la joye qu'il avoit de me revoir; & sans attendre mes questions, il m'apprit que son maître l'avoit laissé à Paris, en partant pour l'Allemagne, avec la seule commission de veiller sans cesse à la sûreté de ma sœur ; que ne l'ayant pas perdûe de vûe, soit au Couvent, soit depuis qu'elle en étoit sortie, il venoit s'informer régulièrement de sa santé, & lui offrir tout ce qu'il étoit capable d'entreprendre pour son service; que s'étant retirée, par des raisons qu'il ignoroit, dans une chambre fort mal en ordre, où elle s'obstinoit à ne voir personne, il avoit eu beaucoup de peine à se procurer la permission de la voir, & qu'il me confessoit que pour la tromper, après plusieurs tentatives inutiles, il s'étoit fait annoncer sous le nom d'un de mes domestiques; qu'elle lui avoit pardonné ce stratagême; & qu'ayant exigé seulement qu'il continuât de se présenter sous le même nom, elle lui avoit permis de venir chez elle deux fois le jour, pour recevoir ses ordres; que l'ayant vûe avant midi, il sçavoit d'elle-même qu'elle étoit fort éloignée de m'attendre; qu'elle l'avoit même chargé de passer à la Poste pour s'informer s'il ne lui étoit point venu de mes lettres; que si j'ignorois la situation où elle s'étoit réduite, je serois fort surpris de la trouver telle que j'allois la voir; & que pour lui qui savoit à quel point son maître en seroit touché, s'il en étoit informé, il s'affligeoit tous les jours jusqu'aux larmes d'une avanture où il ne pouvoit rien comprendre. Cet honnête homme marqua en effet son attendrissement par quelques pleurs. Je l'embrassai avec reconnoissance; & sans faire attention au laquais de Mylord Linch, qui étoit derriére moi, j'entrai dans la maison de Rose, dont il m'avoit déja montré la porte.

Si je me sentois le cœur agité de quelque mouvement, il venoit moins de ma douleur & de ma crainte, que d'un commencement de joye secrette, qui étoit modérée néanmoins par des restes d'incertitude, & qui n'osoit encore s'expliquer. J'aurois déja parié tout mon sang, que ma chere Rose n'étoit coupable de rien; mais le désir que j'en avois étoit trop ardent pour n'être pas accompagné de quelque défiance. J'entrai avec ces réflexions, qui me donnoient peut-être un air de trouble, & ma figure étoit capable d'elle-même de causer de la surprise. L'hôte, à qui je demandai si l'on pouvoit voir Mlle. de … me répondit avec fierté qu'elle ne voyoit personne; & m'entendant répliquer qu'il falloit absolument que je la visse, il leva le ton pour me conseiller de gagner promptement la porte, si je ne voulois pas y être forcé par la violence. Sa brutalité ne me déplût point. C'étoit un homme grossier, qui ayant exercé toute sa vie quelque Profession mécanique, s'étoit retiré dans une petite maison qui étoit à lui, pour y jouir d'une fortune fort médiocre. Le bruit qu'il faisoit fut entendu du valet de des Pesses, qui étoit demeuré par respect sous la porte. Etant connu, il s'avança promptement, & m'ayant donné le nom de son maître, pour soutenir le titre sous lequel il avoit paru jusqu'alors, il me délivra d'un embarras dont j'appris bien-tôt que je ne serois pas sorti sans lui. Cette explication rendit l'hôte si traitable, que m'ayant demandé à moi-même si j'étois M. le Doyen de Killerine, & m'accablant ensuite de civilités, il me donna occasion d'approfondir les motifs qui l'avoient d'abord rendu si difficile. Je lui fis diverses questions auxquelles il ne se fit pas presser pour répondre. La femme de chambre de ma sœur étoit sa parente. Elle lui avoit demandé un logement pour sa maîtresse, sous prétexte qu'elle vouloit passer quelque tems dans la retraite, & il ne les avoit point chicanées sur les conditions. Ce misérable avare ne me disoit pas qu'indépendamment des autres avantages qu'il trouvoit à les avoir chez lui, le seul profit qu'il tiroit de leur travail montoit dix fois au-delà de leur dépense. Dans les premiers jours, continua-t-il pesamment, il s'est présenté ici plusieurs personnes qui s'imaginoient n'avoir besoin que de se nommer pour se faire ouvrir la chambre de Mademoiselle ; mais lorsque j'ai remarqué qu'elle ne vouloit pas les voir, & qu'elle rejettoit jusqu'à leur argent & leurs lettres, j'ai défendu absolument la porte à tous les inconnus. Cet homme, ajouta-t-il en montrant le valet de des Pesses, qui est venu ici de votre part, & à qui elle accorde elle-même l'entrée de la maison, peut rendre témoignage s'il a jamais vû quelqu'un autour de son appartement. Mr. votre parent même, dont j'ignore encore le nom, ne sait pas le chemin de sa chambre, & ne me l'a jamais demandé, quoiqu'il ait ce droit plus qu'un autre. Quel parent ? interrompis-je. De qui parlez-vous ? Ma premiere pensée fut qu'il parloit de Georges, à qui la liberté pouvoit avoir été rendue. Mais sa réponse me donna aussi tôt d'autres soupçons. C'est celui, me dit-il, qui est venu ici depuis environ trois semaines, & qui m'a forcé de recevoir un Cuisinier par vos ordres. Il m'a chargé de n'en rien faire connoître à Mademoiselle jusqu'à votre arrivée, & pour empêcher qu'elle ne s'en apperçoive, il la fait traiter avec plus de délicatesse & de propreté que de magnificence. Elle m'avoit défendu, ajouta-t-il, de recevoir d'autres mets, qui nous venoient tous les jours de la part de quelque personne inconnue ; mais j'ai crû qu'elle ne seroit pas fâchée un jour d'avoir reçû quelque chose de ses parens, & la même raison m'a fait accepter du linge fort propre, & d'autres commodités pour l'usage de sa table & de son lit. Mais, reprit-il, vous devez savoir de qui je parle, puisqu'on n'a fait que suivre vos ordres.

Je ne jugeai point à propos de m'ouvrir à un homme de cette trempe; & le priant seulement de faire appeller son cuisinier, je demandai à celui-ci le nom du Maître qui l'employoit. Je ne le connois point, me dit-il : il m'a pris chez un Traiteur où je servois; & m'ayant amené ici, il ne manque point de m'apporter tous les trois jours l'argent nécessaire pour la dépense. Fort bien, répondis-je d'un ton équivoque, le secret est fidellement gardé. Ils prirent ces deux mots pour une marque d'intelligence & d'approbation. Je les quittai; & me faisant montrer le chemin par le valet de des Pesses, j'allai droit à la porte de Rose.

Le bruit d'un verroüil que j'entendis tirer pour l'ouvrir, me fit remarquer qu'elle étoit bien défenduë. C'étoit à peu près l'heure à laquelle la femme de chambre recevoit le valet de des Pesses. Elle fut surprise de voir un Ecclésiastique fort difforme, qu'elle ne connoissoit pas; mais entendant parler de moi
continuelle-

continuellement, elle ne douta point que je ne fusse le frere de sa maîtresse; & retournant vers elle sans penser à m'introduire ni à me répondre, j'entendis qu'elle lui disoit avec un transport de joye: Ah! Mademoiselle, ce ne peut être que M. le Doyen. Je la suivis au travers d'un Anti-chambre si étroit, qu'il n'en méritoit pas le nom. La chambre, que je parcourus aussi d'un coup d'œil, ressembloit plus à une prison, qu'à l'appartement d'une fille de la condition de Rose, & ne paroissoit nette que par les soins de celles qui l'habitoient. Mais tous mes regards se réunirent aussi-tôt sur ma chere sœur, à qui la nouvelle d'une arrivée si imprévûë avoit fait tomber son ouvrage d'entre les mains. Immobile de joye & de surprise, elle n'eut pas la force de se lever de sa chaise. Elle me regardoit d'un œil languissant, d'où je vis bientôt couler un ruisseau de larmes. De mon côté, je pensois moins à lui parler, qu'à considérer l'humiliation où je la voyois réduite. Elle étoit vêtuë d'un habit de laine. Ses cheveux qu'elle avoit les plus beaux du monde, étoient sans poudre & sans frisure. Un tablier de toile blanche lui couvroit tout le devant du corps, & la

II. Partie.   G

mettoit sur la même ligne que sa servante, qui étoit auprès d'elle avec le même ornement. Si la haine du monde & le mépris des vaines parures, l'eussent réduite à cet abaissement, je me serois jetté à ses pieds pour lui rendre tous les honneurs qui sont dûs à la perfection de l'Evangile. Autour d'elle, je voyois la matiere de son travail, de la toile, du fil, des aiguilles, des ouvrages commencés, d'autres finis; enfin les armes de la femme forte. Je ne pus résister plus long-tems à ce spectacle.

O! ma chere Rose, ô! sœur trop aimée, mécriai-je sans ménager mes expressions devant sa femme de chambre: que ne dois-je pas au Ciel, qui me fait du moins la grace de vous retrouver dans les exercices de l'honneur & de la vertu! Je n'ignore point vos peines. J'ai reçû votre Lettre, & vous voyez avec quel empressement je vous apporte tous les secours de ma tendresse. Ne rougissez point de votre situation, ajoutai-je en voyant continuer ses pleurs; l'infortune ne fait rien perdre au mérite, & ne sert que de lustre à la vertu. Si vous êtes telle que ces dehors vous annoncent, ils vous sont plus honorables qu'un faste extérieur, qui peut parer le vice sans être capable de l'embellir.

Elle ouvrit enfin la bouche pour me remercier de la générosité & de la diligence de mes soins. En essuyant ses larmes, je voyois que ses yeux demeuroient baissés; & soit qu'elle ne tirât point une certaine hardiesse du témoignage de son cœur, soit que l'impression de l'état où je la trouvois fût encore trop puissante, je crus démêler sur son visage quelque chose de sombre & d'embarrassé. Ce n'étoit pas le tems de pénétrer plus loin par des questions indiscrettes. Je lui proposai de quitter sur le champ sa chambre, pour se laisser reconduire dans son Couvent. Elle rejetta cet offre, & je fus satisfait de ses raisons. Après la dureté que l'Abesse avoit eue pour elle, je ne pouvois exiger qu'elle retournât dans un lieu odieux, d'où elle avoit eu tant d'empressement de sortir qu'elle avoit pris le parti de faire vendre ses habits, pour satisfaire à l'avarice qui en étoit la passion dominante. Cependant son refus me jettoit dans l'embarras. N'ayant point eu le tems de prendre d'autres mesures, je me crus obligé d'envoyer le valet de des Pesses au Couvent de...., avec

G ij

ordre d'en obtenir l'entrée pour le jour même, à toutes sortes de prix.

Elle fut si frappée de ma précipitation, que levant les yeux avec étonnement, elle me demanda pourquoi je n'avois pas remis au lendemain, ce qui auroit pû s'exécuter plus facilement avec un peu de délai. Elle me força ainsi de lui découvrir une partie de ce que je réservois pour un entretien plus tranquile. Vous ne connoissez, lui dis-je, que la moitié du péril où vous êtes. Le récit que vous m'en avez fait dans votre Lettre, n'approche point de tout ce que j'ai appris par d'autres voyes. Figurez-vous que votre ruine est conjurée de toutes parts, & que depuis plusieurs semaines, il ne se fait pas autour de vous un seul mouvement qui ne vous menace. Ne croyez point que j'exagere, ajoutai-je en voyant sa surprise. Les Maisons voisines sont remplies de gens qui vous observent. Celle que vous habitez, n'est pas plus sûre. Croirez-vous que vous y avez un Cuisinier placé d'une main étrangère ; que tout ce qu'on vous présente à table vous vient de la générosité de quelque amant inconnu ; que le linge & toutes les commodités dont on vous accorde l'usage, vous eſt fourni de même par des myſteres que je n'ai encore pû pénétrer ? Je la regardois en parlant, pour obſerver dans ſes yeux l'impreſſion que ces dernieres circonſtances y devoient produire. N'y remarquant point l'eſpéce de trouble qui auroit été capable de confirmer mes défiances; levez-vous, repris-je, dans le ſeul deſſein de lui faire hâter ſon départ : venez-vous convaincre par votre propre expérience que la chambre même que vous croyez ſi bien fortifiée par vos verrouils, n'eſt rien moins qu'un azyle impénétrable, & que vous êtes environnée d'ennemis qui ne ſont pas ſéparés de vous par l'épaiſſeur ordinaire d'un mur. Je m'approchai avec elle de la muraille qui étoit commune à la maiſon voiſine, & frappant du bout de ma canne en divers endroits, pour découvrir celui dont Mylord Linch m'avoit parlé, je diſtinguai en effet ſi clairement le vuide, qu'à peine me parut-il qu'il reſtât l'épaiſſeur de deux doigts à percer. Un mouvement d'indignation que je ne pus retenir, m'y fit porter un coup de pied aſſez rude pour l'abattre. La tapiſſerie, qui n'étoit qu'une toile peinte fort legere, n'ayant point réſiſté, non plus qu'une table qui avoit été ap-

G iij

puyée de l'autre côté pour cacher le désordre que Linch y avoit fait, nous fûmes bien moins surpris de nous trouver de plein pied avec son appartement, que de l'appercevoir lui-même dans un fauteuil, d'où il n'eut pas plus de peine à nous voir.

Il accourut aussi-tôt vers nous, avec un cri d'admiration & de joye. Son mouvement & ce cri acheverent de causer tant d'épouvante à ma sœur, que je la vis prête à tomber sans connoissance. Linch ne s'en crut que plus autorisé à traverser la breche pour lui offrir son secours; & la voyant revenue à elle-même, il se jetta à ses genoux avec les transports insensés d'un amant. Il se loua de la fortune, & il s'en plaignit tour à tour. Il accusa Rose, il s'accusa lui-même; il se justifia & elle aussi. Il l'accabla de flatteries, de reproches, de plaintes, de protestations & de sermens de l'aimer toujours : enfin pendant plus d'un quart d'heure qu'il ne cessa point de parler, il dit mille choses que j'eus peine à comprendre, que peut-être il n'entendoit pas lui-même, & que Rose assurément n'écoutoit point. Je saisis l'occasion de l'interrompre pour lui représenter avec plus de force que je n'avois fait à Dublin, la témérité & l'indécence de son entreprise; mais n'ayant encore aucune raison de lui ôter l'espérance, je me tournai aussitôt vers ma sœur, à qui je fis valoir en même tems cette folie même comme le témoignage d'une vive passion. Mylord vous aime tendrement, lui dis-je. Il joint à la naissance beaucoup de mérite & de biens ; qui vous empêche d'accepter ses offres ? Ce discours étoit sincére ; mais Rose, livrée à des chagrins qui avoient une autre source, se délivra de nos importunités par une courte réponse. Quelles circonstances, nous dit-elle, pour des propositions qui demandent de la tranquillité de cœur & d'esprit ! Le valet de des Pesses, qui rentra au même moment pour me rendre compte de sa commission, acheva de la soulager. Il me dit à l'oreille, en deux mots, que le Couvent seroit ouvert pour elle aussi-tôt qu'elle y paroîtroit. Je ne pus cacher cette résolution à Linch. Il avoit été moins choqué de ma censure, que réjoui & consolé de l'approbation ouverte que j'avois donné à son amour, & de la réponse même de Rose qu'il n'avoit pas manqué d'interpreter favorablement. Dans cette disposition, je n'attendois de lui que du secours &

du zéle pour procurer à ma sœur une retraite plus honorable. Je lui demandai son carrosse ; c'étoit lui proposer d'être le guide de Rose avec moi. Nous laissâmes le valet de des Pesses pour prendre soin de lui faire porter ce qu'elle laissoit après elle, & lui ayant fait prendre un habit décent, le seul qui lui restât, nous la conduisîmes droit au Couvent.

Je n'étois guéri que d'une partie de mes inquiétudes, mais c'étoit la plus pressante. Loin de marquer du mécontentement ou de la défiance, Linch paroissoit charmé de ce que le hazard & mes soins avoient fait pour lui dans cet heureux jour. Il ne se lassoit point d'admirer la force dont ma sœur avoit eu besoin pour soutenir une épreuve si glorieuse à sa vertu, & se la représentant sans cesse dans l'état d'où nous l'avions tirée, il me protestoit qu'il avoit trouvé plus de charmes dans ce négligé aimable que dans toutes les parures qui accompagnent la fortune. Il me demanda la permission de lui porter dès le lendemain tous les joyaux de sa mere, & de la voir tous les jours à la Grille. Je ne la lui refusai point ; mais le conjurant par le désir même que j'avois de lui être utile, de me laisser ménager ses espérances,

& les miennes, j'obtins de lui à mon tour que ses désirs impatiens seroient réglés par mes conseils. Notre demeure étant dans la même maison, il nous sera aisé, lui dis-je, de nous communiquer nos idées & nos résolutions.

En effet, mon unique vûe, en me logeant avec lui, avoit été de pénétrer plus facilement les siennes. J'appréhendois tout d'un esprit si entreprenant; & si Rose devoit quelque jour être à lui, j'étois résolu que ce fût du moins par des voyes qui lui fissent trouver autant d'honneur que d'avantage dans cette alliance. Il me tardoit de voir Georges, & de savoir de lui-même comment il avoit pû consentir au projet de l'enlevement. Je n'accusois point Linch de m'en avoir imposé, mais je ne pouvois soupçonner Georges non plus d'avoir sacrifié légérement l'honneur & le repos de sa sœur. Ces doutes ne pouvoient être éclaircis qu'à la Bastille. Je me hâtai d'y aller avant la fin du jour, & promettant à Linch de le rejoindre à l'heure du souper, je le quittai sous un autre prétexte.

Georges ne s'attendoit point à ma visite. Je le connoissois trop bien pour ne pas m'appercevoir qu'il en ressentît une vive émotion. Cependant, par une fausse affectation de fermeté, que je feignis de ne pas remarquer, il me reçut de l'air du monde le plus libre ; & lorsque je commençai à lui parler, en gémissant, de l'intérêt que j'avois pris à son malheur, il me répondit avec un soûrire, qu'il ne falloit pas donner ce nom aux suites d'une affaire d'honneur qui avoit tourné si glorieusement pour son frere & pour lui. Je n'étois pas venu pour combattre de si misérables préjugés. J'accorde, lui dis-je, qu'un accident dont vous n'avez pû vous défendre doit paroître excusable aux yeux du Public ; mais en est-il moins vrai qu'il vous a fait renfermer à la Bastille, & qu'il sera pour long-tems un obstacle invincible à votre fortune ? Je ne parle point de Patrice, qui vient d'épouser la fille unique de Fincer... Il m'interrompit avec surprise, pour me demander l'explication de cette nouvelle. Je la lui donnai en peu de mots. Oui, repris-je, la faveur du Ciel lui a procuré dans l'espace de quelques semaines un établissement qui ne lui laisse rien à désirer. Mais que ferons-nous de votre sœur, dont vous vous imaginez bien que le sort n'est pas si heureux ? Je n'allai pas plus loin, & fort satisfait qu'il m'eût donné le tems de lui faire une peinture abrégée de la situation de notre famille, je crus qu'en lui laissant la liberté de parler, il se porteroit de lui-même à me déclarer ses véritables sentimens. J'attendis donc sa réponse en silence, tandis qu'il paroissoit se livrer à mille réflexions sombres, dont tout l'effort qu'il faisoit pour me les déguiser ne m'empêchoit point de lire une partie sur son visage.

Enfin jettant les yeux sur moi ; je félicite Patrice, me dit-il d'un ton forcé, d'avoir plû à la fille de Fincer, & je crois sa fortune mieux établie avec elle qu'elle ne l'auroit jamais été suivant ses premieres vûes. A l'égard de Rose, reprit-il, je ne sais si vous avez vû Mylord Linch, & s'il vous a parlé du penchant qu'il a repris pour elle. En me faisant cette question je remarquai qu'il s'efforçoit de découvrir ma pensée dans mes yeux. Je l'ai vû, lui dis-je simplement, & je n'ajoutai rien qui pût l'éclaircir. Il s'apperçut fort bien lui-même que la moitié de mes lumieres demeuroit cachée au fond de mon cœur. Si vous l'avez vû, repliqua-t-il, en prenant un ton plus ferme, il vous a communiqué son dessein ; & puisque vous faites difficulté de m'en parler, je conclus que vous ne l'avez point approuvé. Il m'a révolté moi-même, continua-t-il, & je l'aurois rejetté avec indignation, si deux motifs d'une force égale ne m'avoient obligé d'y consentir. Linch n'est venu me le proposer qu'après m'avoir fait avertir par un Inconnu, de l'extrêmité déplorable où ma sœur étoit réduite, & du refus qu'elle faisoit de recevoir les secours qui lui étoient offerts. J'avoue qu'étant moi-même hors d'état de l'aider, ignorant jusqu'au lieu de sa retraite, sachant Patrice en Irlande, & doutant que d'un revenu aussi médiocre que le vôtre il pût jamais tirer de quoi réparer nos pertes; j'ai crû toutes sortes de moyens légitimes pour sauver la malheureuse Rose & l'honneur de notre famille. Encore Linch a-t-il dû vous dire à quelles conditions. J'ai voulu qu'il obtînt votre aveu & celui de Patrice. J'ai exigé qu'il entreprît le voyage d'Irlande pour vous le demander. J'ai refusé de m'exprimer nettement dans le billet qu'il m'a arraché. En un mot j'ai fait le tyran; & le consentement même que je n'ai accordé qu'à la nécessité, m'a coûté des larmes. Mais ce motif, qui suffit seul pour me purger aux yeux des gens d'honneur, fut extrêmement fortifié par les réflexions que je fis sur un billet que le hazard avoit fait ici tomber entre mes mains. Je l'avois trouvé dans un des livres que Patrice m'envoyoit pour dissiper mon ennui. Il étoit de des Pesses, qui le remercioit ardemment du prix qu'il promettoit à ses services, & qui lui protestoit qu'avec cet éguillon & celui de l'amitié, il étoit capable de tout entreprendre. La nature du service & de la récompense y étoit si clairement exprimée, que je ne pus m'y tromper. Votre départ & ma captivité sembloient donner à Patrice un empire absolu sur Rose. Je ne doutai point que son dessein ne fût d'en user pour la faire servir à son propre bonheur ; & dans le désordre de nos affaires, peut-être ne condamnai-je point un traité qui devoit tout à la fois les établir tous deux. J'en parlai même à Patrice, sans lui confesser comment j'étois informé de son projet, & je ne lui fis point d'autre objection que la répugnance de Rose, qui me paroissoit difficile à vaincre. Mais si son mauvais sort la condamnoit à se faire quelque violence, je ne balançai point ensuite à souhaiter que ce fut en faveur de Mylord Linch. En supposant de l'égalité de ce côté-là, la naissance & les richesses mêmes lui donnoient tant d'avantage sur son rival, que ma sœur ne pouvoit manquer de sentir cette différence ; & malgré toute sa froideur, que Linch m'avoit confessée lui-même, j'étois persuadé que ce seroit du moins une raison de plus pour la consoler de la nécessité d'être à lui. Et comptez-vous pour rien, ajouta Georges, l'obligation où j'étois de menager Linch ? Ne pouvoit-il pas exécuter malgré moi ce qu'il faisoit dépendre de mon consentement ? J'avoue que sa générosité fut encore un motif dont je fus touché. Un homme capable de surmonter ses désirs, à la veille d'une entreprise qui lui assûroit la possession de ce qu'il aime, me parut digne de ma sœur, & propre à faire quelque jour son bonheur. Les dégoûts qui naissent du caprice ou du tempérament, cedent tôt ou tard à la raison ; & le cœur de Rose n'étant prévenu d'aucune autre inclination, je ne doutai pas qu'après avoir épousé Linch, elle ne trouvât bientôt de la douceur dans son devoir.

Ce soin de se justifier me fit du moins connoître que Georges faisoit encore quelque cas de mon estime. Je trouvai de la vraisemblance dans ses excuses, & n'y voulant rien mêler qui troublât des commencemens si favorables je continuai de l'entretenir des services que j'étois résolu de rendre à Linch & de la situation de ses propres affaires. Il ne voyoit point d'autre jour à se procurer la liberté que par les voyes dont Patrice m'avoit rendu compte à Dublin. C'étoit se flatter d'une espérance bien incertaine & bien éloignée; mais ses Amis ne cessant point de s'employer pour lui, il ne se regardoit pas du moins comme un homme abandonné. Mr. le Duc de... soit par un sentiment d'estime pour sa personne & pour notre nom, soit par le mouvement de la passion qu'il conservoit toûjours pour Rose, ne s'étoit point relâché de son zéle. Le Roi Jacques avoit fait lui-même des sollicitations fort ardentes à la Cour, & l'on s'étoit assez expliqué pour faire comprendre qu'on ne seroit pas toûjours inflexible.

Je me retirai, plus satisfait de ma visite que je n'avois osé l'espérer, & ravi surtout d'avoir évité dans une premiere entrevûe toutes les discussions qui pouvoient renouveller nos derniers démêlés. J'avois d'autres projets sur Georges; mais toute mon ardeur présente se rapportant à ma Soeur, je ne m'étois hâté de le voir que pour me procurer les éclaircissemens dont je voulois faire usage avec elle. Il étoit trop tard pour retourner au Couvent; ainsi remettant cette pensée au lendemain, je m'arrêtai à celle de rejoindre Linch que je croiois dans l'impatience de me revoir.

Elle étoit vive en effet, mais je ne m'en serois jamais imaginé la cause. Linch m'attendoit avec tous les transports de la fureur, & je ne fus peut-être redevable qu'à ma profession d'un reste de ménagement qu'il garda encore à mon arrivée. Ses yeux étoient étincellans, & dans la confusion de mille reproches qu'il auroit voulu me faire à la fois, il ne trouvoit point de termes pour s'exprimer. J'eus pitié de son trouble, & ne me défiant point encore de la part que j'y avois, je m'approchai de lui pour sçavoir ce qui l'agitoit. Il me repoussa brusquement. Traître! me dit-il; votre habit vous met à couvert de mon ressentiment, mais j'aurai la satisfaction de publier vôtre lâcheté & votre perfidie. La surprise où me jetta cet outrage lui auroit fait ouvrir les yeux tout d'un coup sur son injustice, s'il eût été capable d'un moment de réflexion; mais continuant de me traiter avec le dernier emportement, ce ne fut qu'à la longue &

après quantité de discours interrompus que je crus l'entendre. En revenant du Couvent de Rose il avoit appris du Laquais qu'il avoit chargé de me suivre & devant lequel je m'étois entretenu sans précaution avec le valet de des Pesses, qu'on avoit eû pour un autre des complaisances & des facilités qu'on n'avoit pas pour lui. La maniere tendre & familiere dont j'avois demandé des nouvelles de cet ancien Ami, & la reconnoissance que j'avois marquée pour son zéle, avoit passé dans l'esprit de Linch pour une préférence que je donnois à son Rival; il ne connoissoit des Pesses que de nom, mais dans l'ancienne liaison qu'il avoit eûë avec Georges, il n'avoit pû ignorer nos premiers projets d'établissement pour ma Sœur. Il sçavoit même que des Pesses avoit été autorisé de mon suffrage; & conciliant toutes ces idées avec le récit de son Laquais & le témoignage même de ses yeux, il s'étoit persuadé que mon dessein étoit de le tromper. Tout le reste de ma conduite avoit été expliqué suivant cette prévention. Les civilités qu'il avoit reçues de moi à Dublin, les espérances que je lui avoit données sur la route, la chaleur même avec laquelle j'avois pris ses intérêts à Paris, passerent pour autant d'artifices par lesquelles j'avois cherché à rompre ses vûës, & à m'assûrer le tems de mettre Rose hors de ses atteintes. Dans un naturel aussi impétueux que le sien, la jalousie & la honte s'étoient converties en rage. Il ne parloit que de vengeance, & des Pesses devoit être sa premiere victime.

Cependant la douceur avec laquelle je m'efforçai de l'appaiser, & les sermens dont j'accompagnai mes protestations de droiture, commençoient à faire quelque impression sur lui; mais m'ayant proposé d'engager donc ma parole que des Pesses lui seroit absolument sacrifié, ma réponse ralluma toute sa fureur. Il y auroit de l'injustice, lui dis-je, à disposer du cœur de Rose sans lui donner quelque connoissance de ce traité. Ce que je vous promets sans restriction, ajoutai-je, c'est d'applaudir à son choix s'il se déclare pour vous, & de continuer comme j'ai fait jusqu'à présent de vous servir de bonne foi. Il crut voir dans le tour de ces paroles un nouveau déguisement qui renouvella tous ses transports. Ce fut dans cette violente agitation que n'étant plus le maître de son propre secret, il me déclara d'un air mocqueur, qu'il me feroit repentir quelque jour de l'avoir trahi, & que les mesures qu'il avoit prises étoient moins sujettes à le tromper que moi. Cette menace me frappa moins que l'obstination qu'il eût à se renfermer dans une chambre voisine, dont toutes mes instances ne pûrent me faire ouvrir l'entrée. Je continuai quelque tems d'employer les civilités & les prieres. Enfin picqué à mon tour d'un procedé si brusque, je pris le parti de me retirer.

Sa menace, qui ne m'avoit pas plus étonné d'abord que les autres circonstances d'une scene si chagrinante, me revint aussi-tôt à l'esprit avec d'autres couleurs. Que devois-je entendre par ces mesures sur lesquelles il faisoit plus de fond que sur moi ? N'avois-je pas tout à craindre d'un homme si violent ? & celui qui avoit été capable de vouloir enlever ma Sœur, ne l'étoit-il pas de renouveller un projet auquel il n'auroit pas renoncé, après tout, s'il n'eût compté de réüssir par une autre voye ? Il ne se trompoit pas sans doute lorsqu'il m'accusoit d'avoir ménagé ses emportemens, pour me donner le tems de dérober Rose à ses entreprises ; mais s'attendoit-il qu'en faisant avec lui le voyage de France, je dûsse la lui remettre entre les mains malgré elle, ou me joindre à lui peut-être, pour favoriser autrement ses violences ? Quand sa jalousie auroit pû s'allarmer de la considération que j'avois marquée imprudemment pour des Pesses, ne devoit-il pas être satisfait de mes explications, & me croire sincere du moins lorsque je faisois tout dépendre du choix de ma Soeur ? Ce n'est point un honnête homme, disois-je, qui veut devoir ses droits sur le coeur d'une femme à la force ou à l'artifice. D'ailleurs quel caractere ! Quelle brutalité ! Quelle bizarrerie ! Forcerai-je une fille de la douceur de Rose, de recevoir un Mari si emporté ? Il l'enlevera : mais qu'ai-je à craindre ? N'est-elle pas à couvert de toutes ses entreprises ? Et ne puis-je pas les prévenir encore mieux en la faisant partir incessament pour l'Irlande, où son frere est en état de la défendre ? Il ne la verra plus, ajoutai-je : Je reprens demain avec elle le chemin de Killerine.

Cette résolution à laquelle je me crus arrêté d'une maniere inébranlable, me fit penser dès mon reveil aux préparatifs de nôtre départ. Mais j'appris pour premiere nouvelle, que Linch plus actif que moi, étoit sorti de la Maison à la pointe du jour & qu'il avoit fait emporter tous ses équipages avec lui. Quoique la retraite de ma Sœur ne me parût point exposée à ses insultes, j'abandonnai tout autre soin pour m'y rendre. Il pouvoit s'être proposé de la voir avant moi, & de lui inspirer quelque idée qui me fît trouver de la résistance à l'exécution des miennes. D'ailleurs cette démarche précipitée confirmant tous mes soupçons, je ne croyois pas pouvoir m'éloigner trop tôt de Paris, & je voulois disposer Rose à prendre la Poste avec moi dès le même jour.

Il étoit environ neuf heures du matin. J'arrivai au Couvent l'esprit plein du nouveau voyage que j'allois entreprendre; car étant fixé à ce dessein il importoit si peu que je penetrasse plus loin dans les affaires de Rose, que j'avois pris le parti de ne plus m'en occuper. Elle vint à la grille. Je lui trouvai un air de satisfaction qu'elle n'avoit point la veille. Sans perdre le tems à des questions inutiles, je lui dis que m'étant apperçu qu'elle n'avoit point de goût pour Mylord Linch, & mille raisons me faisant craindre qu'elle ne fût point en sûreté à Paris tant qu'elle refuseroit de l'épouser, j'étois résolue de la conduire en Irlande, où elle meneroit une vie plus agréable auprès de Patrice. Le changement de son visage me fit juger tout d'un coup que cette proposition la chagrinoit. Cependant n'osant la combattre de front, elle prit occasion du nom de Patrice pour me faire un reproche de ne lui avoir point encore appris de ses nouvelles. Il étoit vrai que dans le peu de tems que j'avois passé la veille avec elle, & troublé par l'arrivée imprévûë de Linch, je ne lui avois point parlé de son frere. Je me hâtai de lui dire que je l'avois laissé dans une ardeur extrême de la revoir, & qu'elle le trouveroit heureusement marié avec la fille de Fincer. Ce fut ici que les sentimens de Rose ne pûrent se déguiser. Elle me regarda avec une vive émotion. Marié ! me dit-elle. Ne me trompez-vous pas ? Je lui racontai quelques circonstances qui ne lui permirent plus d'en douter ; mais ce que je croyois propre à lui inspirer de la joye, ne lui causa qu'une vive douleur, dont elle n'eût pas même la force de retenir les marques. Helas ! me dit-elle, voilà donc le fond que nous avons à faire sur les sermens des hommes ? Non, ajouta-t'elle, je n'aurois pas crû Patrice capable de cette perfidie.

Un dépit si vif, excité par l'intérêt d'autrui, m'apprit quelle seroit la délicatesse de Rose pour les siens. Je me rappellai la liaison que Patrice lui avoit fait former avec Mlle de L...; mais une connoissance de quelques momens n'ayant pû faire naître une amitié assez forte pour lui causer le trouble où je la voyois, je conclus que ce qui paroissoit un témoignage de compassion pour le sort d'une autre, en étoit un d'inquiétude qui lui échapoit pour le sien. Ma curiosité me fit oublier que je ne devois l'entretenir que de notre voyage. Hé! pourquoi, lui dis-je, condamnez-vous Patrice de s'être rendu aux offres d'une femme aimable, aux instances de ses amis, & à la nécessité même de nos affaires qui lui a fait une loi de ce qui méritoit d'être recherché avec tous ses désirs? Vous qui lui en faites un reproche, savez-vous que vous avez contribué plus que tout le reste au vertueux effort qu'il a fait sur lui-même, & que je ne serois pas ici avec les secours que je vous apporte, si sa tendresse pour vous ne lui avoit fait prendre cette unique voye de vous secourir? Que me dites-vous, interrompit-elle avec une nouvelle agitation? Ah! je comprens qu'il s'est rendu malheureux. Je le connois. Il eſt impoſſible qu'avec une paſſion telle qu'il la reſſentoit à ſon départ, il ait pû renoncer volontairement au penchant de ſon cœur. Que je ſuis à plaindre ! Il me reprochera quelque jour ſon malheur. Et n'eſt-ce pas moi ſeule auſſi qu'il doit en accuſer ?

La chaleur avec laquelle elle s'exprimoit, me cauſa un étonnement dont j'avois peine à revenir. Je ne l'aurois pas crûe capable de ce tranſport. Toutes ces idées ne s'accordoient pas non plus avec les miennes. Je l'arrêtai par un regard ferme & ſévére : Quoi donc, lui dis-je d'un ton qui ne l'étoit pas moins, l'eſprit d'égarement & de corruption s'eſt-il emparé de toute ma famille ? Que veulent dire ces maximes inſenſées qui repréſentent une frivole paſſion comme un obſtacle invincible, & le malheur comme inſéparable de la vertu ? Eſt-ce vous, Roſe, qui vous êtes laiſſée ſéduire par de ſi horribles principes ? Voilà donc le progrès que vous avez fait dans les voyes de la Religion depuis que vous vous êtes éloignée de mes yeux ? Elle parut plus affligée qu'abbatue de ce reproche ? Ah ! mon frere, me dit-elle avec douceur, vous ne vous imagineriez jamais ce qu'il en coûte à un cœur

tendre

tendre qui est réduit à combattre ses plus cheres inclinations. Non, repris-je impatiemment ; mais vous qui paroissez le savoir, où l'avez-vous appris ? Cette question la rendit muette. J'eus pitié de son embarras, & n'espérant point qu'elle se portât d'elle-même à me confier les secrets de son cœur, j'aurois repris la résolution dans laquelle j'étois venu de ne pas la presser avant notre départ, si le hazard ne m'eût offert une occasion que je ne désirois pas. On lui remit dans ma présence, une lettre, dont on lui dit qu'on attendoit la réponse. Sa rougeur la trahit. Elle paroissoit balancer quel ordre elle devoit donner au Porteur. Son silence ne finissoit point. Enfin je la délivrai d'un si cruel embarras en disant moi-même à ce garçon qu'il pouvoit attendre à la porte du Parloir.

C'étoit sortir d'un trouble pour retomber dans un autre. Sa confusion paroissant augmenter lorsqu'elle se retrouva seule avec moi, je n'eus pas la dureté de prolonger trop long-tems cette scéne. Je pris un air plus doux pour la soulager. J'observe avec joye, ma chere Rose, que votre cœur ne connoît pas encore l'artifice. Mais seriez-vous si déconcertée, si vous n'aviez rien à vous reprocher ? Ah ! non, interrompit-elle ; le ciel qui est témoin de tous mes sentimens, sait que je ne me suis rien permis qui l'offense. Levons le voile, repris-je ; Patrice qui connoît la tendresse de mon affection, n'a pas jugé qu'en faisant le voyage de France je dusse ignorer ce que vous lui avez confié. J'ai appris de sa bouche tout ce qui s'est passé avant son départ. Vous seroit-il arrivé depuis ce tems-là quelque chose que vous ayiez honte de me communiquer ?

Ce doute, que je témoignai exprès pour l'exciter, produisit tout l'effet que j'en avois attendu. Si Patrice vous a fait un récit fidéle, se hâta-t-elle de répliquer, vous n'avez rien appris qui soit propre à me causer de la honte, & je me garderai bien de m'exposer jamais à ce reproche. Mais je confesse, ajouta-t-elle en rougissant de nouveau, que je n'ai pû me défendre de quelque estime pour un homme qui me paroît digne de ce sentiment. Lisez la lettre que je reçus hier de lui, continua-t-elle en la tirant de sa poche. Je ne ferai pas plus de difficulté de vous laisser lire celle que je viens de recevoir, & je veux que vous l'ouvriez vous-même ; mais vous ne me soupçonnerez pas du moindre déguisement, lorsque je vous fais commencer par la premiere. Recevoir des lettres, murmurai-je en la prenant, les lire, les garder si soigneusement, c'est avoir déja fait beaucoup de chemin. Je ne laissai pas de commencer cette curieuse lecture. On la prioit de juger des peines d'un trop long silence, par la force d'une passion qui n'avoit jamais eu d'exemple. On faisoit valoir tout ce qu'on avoit pris sur soi-même pour ne pas la troubler par des lettres, dans un tems où le parti qu'elle avoit pris de ne voir personne, avoit fait craindre de blesser quelque bienséance, ou d'allarmer sa sagesse; mais incapable aussi de la perdre de vûe un seul moment, on confessoit qu'on n'avoit pas laissé passer de jour sans s'informer de tout ce qui appartenoit à sa santé & à son repos, & que pour rendre sa retraite plus sûre & plus tranquille, on avoit pris avec son hôte des mesures qui paroissoient avoir heureusement réussi. Voilà sans doute, interrompis-je, le Parent, le Cuisinier, & tout ce que je me persuade aisément que vous avez pû ignorer. Mais lisons, ajoutai-je en m'appercevant qu'elle étoit flattée de cette remarque. Apprenant, lui disoit-on, que j'étois arrivé à Paris, & que je l'avois engagée à retourner au Couvent, on s'imaginoit bien que le dérangement de notre fortune pouvoit avoir eu part à cette résolution; & désormais qu'étant avec elle ma préfence arrêteroit les mauvaifes interprétations, on la prioit de m'engager à prendre la maifon qu'on lui avoit propofée mal-à-propos dans un autre tems, où l'on confeffoit que fa fageffe avoit dû la lui faire refufer. On promettoit que nous y ferions dans l'abondance de tout ce qui eft convenable à d'honnêtes gens, & que la main d'où nous viendroit cette liberalité ne feroit jamais connuë du public. Enfin l'on demandoit deux mots de réponfe, qui devoient être fuivis, au même moment, de l'exécution de toutes ces offres.

Je ne puis difconvenir, dis-je à Rofe, que ce procédé ne foit d'un galant homme, & d'un amant libéral & refpectueux. Vous êtes parvenuë fans doute à le connoître depuis le départ de Patrice? Non, me dit-elle. Sans répondre à toutes fes Lettres, je lui ai fait dire mille fois par ceux de qui je les recevois, que je ne pouvois fouffrir honorablement les foins d'un Inconnu; &

c'étoit la seule espérance d'y voir enfin son nom, qui me les faisoit ouvrir. Il m'a pressée de consentir à ses visites: j'aurois pû tirer son secret de lui-même, ou le faire tirer adroitement de ses gens; mais les loix que je me suis imposées, m'ont toujours retenuë.

J'avouë qu'une avanture si étrange, ne me causant pas moins d'étonnement que d'inquiétude, j'étois embarrassé moi-même à lui donner les conseils qu'elle sembloit me demander. Je panchai un moment à rompre tout d'un coup cet entretien, & à faire valoir brusquement mon autorité, pour lui faire reprendre sur le champ la route d'Irlande. Mais je commençois à craindre avec raison d'y trouver de la résistance. D'ailleurs je ne dissimulerai pas, que soit par un mouvement de tendresse naturelle, qui me faisoit souhaiter que son cœur fût satisfait, soit par l'idée que son inclination & son estime me faisoient prendre de son amant, je me sentois si bien disposé pour cet Inconnu, que j'aurois désiré du moins de le voir & d'approfondir la vérité de ses sentimens. Enfin, n'osant m'arrêter à rien sans de nouvelles lumieres, je demandai en grace à ma sœur, de me raconter toute la suite de cette intrigue depuis son origine. Je reconnois, lui dis-je, que lorsque la bienséance & les égards raisonnables de l'intérêt s'accordent avec l'inclination du cœur, un penchant de cette nature peut mériter quelque indulgence. Mais ce n'est pas vous qu'il en faut croire. On s'aveugle trop aisément sur ses propres désirs. Si vous me connoissez de la tendresse pour ma famille, de la discrétion, du zele pour vos vrais intérêts, ne craignez point de me répéter ce que vous avez découvert à Patrice, & laissez-moi juger sans prévention de tout ce que la vôtre a pû vous déguiser.

Elle me recommença son histoire, depuis nos premiers différends. Je lui trouvai jusques dans les moindres détails, cet air de franchise que l'artifice ne sçauroit contrefaire. La naissance de son inclination, sa durée & ses progrès, son aversion pour le Duc...., son indifférence pour des Pesses, son dégoût pour Linch; tout fut expliqué avec la même candeur. Je l'arrêtois quelquefois, pour l'interroger sur une circonstance obscure, ou plus importante, qu'elle paroissoit ne se le figurer; elle me satisfaisoit aussi-tôt par une réponse simple

& ingénuë. Heureux naturel! disois-je intérieurement; & quel seroit le crime de celui qui raviroit un cœur si honnête à la vertu! Enfin, lorsqu'elle fut arrivée au voyage de Patrice, & qu'elle sembloit vouloir passer sur tout ce qu'elle m'avoit marqué dans sa Lettre; je lui demandai si elle n'avoit rien sçû du démêlé de son frere avec un émissaire de son Inconnu, & ce qu'elle avoit pensé de cette avanture. Vous me rappellez, reprit-elle, une des plus tristes circonstances de ma vie. Je ne fus informée de cet accident, que plusieurs jours après le départ de mon frere. L'Inconnu, puisque vous lui donnez ce nom, laissa passer tout cet intervalle sans renouveller ses attentions ordinaires. Je ne vous dirai pas que je fus insensible à cette apparence de froideur ou d'oubli; mais j'étois troublée d'une inquiétude encore plus cruelle. Après la confidence que j'avois faite à Patrice, je me figurai qu'avec quelque précaution qu'il m'eût caché son ressentiment, il en avoit assez conçû pour se porter à quelque résolution violente, dont le silence de l'Inconnu pouvoit être l'effet. Je fus long-tems incertaine & tremblante dans cette idée, jusqu'à ce que je

H iiij

reçus une de ses Lettres, où il me faisoit naturellement le récit de ce qui étoit arrivé à la mienne. La même raison, me disoit-il, qui ne lui permettoit point encore de s'ouvrir à moi, l'avoit empêché de rechercher la connoissance de Patrice, malgré le penchant qu'il se sentoit à l'aimer. Elle l'avoit forcé aussi de tenir ses sentimens renfermés, aussi long-tems qu'il pouvoit craindre de les trahir par quelque indiscrétion ; mais je n'en devois être que plus sûre de leur innocence, ajoutoit-il, lorsqu'il me faisoit librement des aveus de cette nature. Ce fut alors néanmoins que je refusai absolument de lui répondre. J'avois peine à concevoir qu'il eût pû négliger une si heureuse occasion de faire approuver ses sentimens à mon frere ; & j'augurai mal de toutes ces raisons mystérieuses qu'il n'avoit osé confier à un honnête homme. Cependant, ajouta Rose, mais d'une voix moins ferme & en baissant les yeux ; sa constance, son désintéressement, le renouvellement continuel de ses sermens & de ses plaintes, ma foiblesse si vous le voulez, me firent renaître insensiblement d'autres idées.

L'attention extrême avec laquelle je l'écoutois, me fit saisir le changement qui s'étoit fait sur son visage ; & voyant qu'elle continuoit d'héfiter, je ne doutai pas qu'elle n'eût fur le bord des lévres quelque circonftance dont l'aveu lui coûtoit. Votre confiance me charme, lui dis-je auffi-tôt pour l'encourager, Continuez ma chere Rofe, ne me déguifez rien. Hélas! reprit-elle, dois-je vous le confeffer; & que penferez-vous de ma conduite, fi vous me rendez affez de juftice pour vous fier du moins à mes fentimens? Quand la dureté de l'Abbeffe, que je n'attribue, pour vous découvrir mes foupçons, qu'aux pratiques fecretes & aux malheureufes vûës de M. le Duc, m'eut forcée de penfer au miférable afile où vous m'avez trouvée; au milieu de mes peines & dans l'amertume de mon cœur, je ne pus me refufer la confolation d'apprendre une partie de mon deffein à cet Inconnu, dont j'ignore encore quel jugement vous portez. J'avois reçû une de fes lettres, où les témoignages de fon amour étoient renouvellés dans les termes les plus tendres. Je pris la plume en tremblant, & fuivant le mouvement de mon cœur je lui écrivis que des raifons preffantes m'obligeoient de changer de fituation jufqu'au retour de mon frere; que je croyois devoir cet avis à fon attachement, pour lui épar-

H. v.

gner des recherches inutiles ; qu'étant résolue de ne souffrir dans cet intervalle ni la vûe, ni les lettres de personne, il devoit s'attendre que je serois encore plus inflexible pour lui ; que je lui permettois néanmoins d'expliquer cette distinction à son avantage : que je ne lui défendois pas même de s'informer sécrétement de la conduite que j'allois tenir, parce que j'étois bien aise de conserver son estime ; que si étant tel qu'il s'efforçoit de me le persuader il s'ouvroit tôt ou tard à mes freres, il trouveroit mon cœur déclaré pour lui ; mais qu'après cet aveu, auquel je voulois bien ajouter la promesse qu'il me demandoit si instamment de ne m'engager à personne, il devoit faire autant de fond sur ma bonne foi que j'en faisois sur la sienne, & se contenir dans des bornes qui serviroient de regle à la durée de mes sentimens. Je ne sçai, continua-t-elle avec un regard timide, si vous ne condamnez pas cette lettre. Je quittai le Couvent un quart d'heure après l'avoir écrite. Il a observé si fidélement mes ordres que j'ai douté quelquefois s'il continuoit de m'aimer, ou s'il avoit découvert ma retraite. Mais sa Lettre, que je reçûs hier au moment que je vous quittai, vous fait voir qu'il est toujours le même ; & je n'ai pas de peine à croire que c'est lui qui a trompé mon hôte sous le nom d'un parent de notre famille. C'est lui, j'en suis sûre, ajouta-t-elle, car tous mes autres persécuteurs ne sont point capables de tant de désintéressement & de discrétion.

Elle vouloit continuer de m'apprendre ce qu'elle avoit eu à souffrir de Mr. le Duc de . . . & de ses autres amans ; mais trouvant ce détail inutile à toutes les idées qui m'occupoient, je l'interrompis. La force de son inclination avoit tellement éclaté dans toutes les circonstances de son récit, que je ne pensai point à lui représenter qu'une fille doit être en garde contre les foiblesses de son cœur. Il étoit décidé qu'elle aimoit passionément son Inconnu. Cependant sa lettre m'avoit laissé un trouble & un mécontentement que je voulus lui faire sentir. Je lui coupai la parole lorsqu'elle paroissoit s'applaudir d'être comme échappée à mes reproches. Arrêtez, arrêtez, lui dis-je tristement ; & si je loue votre sincérité, ne vous imaginez point que j'approuve vos fautes. Cette lettre est une témérité que je ne puis vous pardonner. Avez-vous compris à quoi

H vj

vous vous engagiez? Une fille de votre âge promet-elle sa foi & sa main au hazard? Donne-t-elle ainsi l'exclusion à tout ce que la sagesse & l'honneur peuvent lui proposer par la bouche de ses Parens? Eh! que seroit-ce si vous veniez à découvrir dans votre Inconnu un homme indigne de vous? En un mot quel a pû être le sens de votre promesse? De vous révolter apparemment contre toutes les propositions d'établissement que vous recevriez de vos freres, & de vous livrer quelque jour malgré eux aux empressemens d'un homme dont vous ne connoissez la bonne foi que sur son propre témoignage? Mais lisons sa seconde lettre, repris-je avec plus de chaleur, & dévoilons à toutes sortes de prix un mystere qui commence sérieusement à m'allarmer. J'avois pris cette lettre qu'une curiosité plus pressante ne m'avoit pas encore permis d'ouvrir. Elle contenoit, comme la premiere, de vives protestations de tendresse, avec des marques d'impatience pour la réponse qu'on attendoit. Mais on ajoutoit que si je faisois quelque difficulté de me fier aux offres d'un Inconnu, on m'offroit de me faire compter, à mon choix, ou douze mille francs pour chaque année, à commencer de ce jour même ; ou mille francs au commencement de chaque mois ; sans autre condition que de m'engager à ne pas disposer de ma sœur, jusqu'au moment où l'on se promettoit de la rendre plus riche & plus heureuse.

C'en est trop, m'écriai-je avec une espéce d'indignation ; des secrets qu'on rougit d'avouer me sont suspects, & des liberalités qui menent à un but si incertain, ne peuvent partir d'une source sans reproche. Je me levai dans le même mouvement, & faisant entrer le Messager qui attendoit toujours à la porte, je lui dis sans consulter Rose : Retournez à votre maître. Rapportez-lui que vous avez trouvé avec Mlle. de.... le Doyen de Killerine son frere aîné & son tuteur. Puisqu'il vous a mis dans le secret de ses affaires, chargez-vous de lui dire que je suis homme de qualité, Prêtre, & honnête homme. S'il me juge digne de sa confiance sous l'un ou l'autre de ces titres, je suis prêt à l'entendre, dans quelque lieu qu'il lui plaise de m'indiquer. S'il me la refuse, déclarez-lui que je pars demain pour l'Irlande avec ma sœur. J'attens ici sa réponse.

Rose, vers laquelle je me tournai aussi-tôt, sembloit regreter que je n'eusse pas permis au Meſſager de repliquer, & que n'ayant pas elle-même ouvert la bouche, il pût rapporter à ſon maître qu'elle paroiſſoit avoir eu part à une commiſſion ſi dure. Elle me confeſſa néanmoins qu'elle étoit ravie au fond du cœur de ſe voir ſi proche de l'éclairciſſement qu'elle avoit toujours déſiré. Elle ſe flattoit que ſon amant conſentiroit à tout plutôt que de la perdre ; & n'ayant jamais attribué le myſtere de ſa conduite qu'à quelqu'embarras de fortune, ou à quelque conſidération de famille, elle craignoit peu d'approfondir des obſtacles qui n'étoient point capables de la rebuter. Il ſe paſſa plus d'une heure, que j'employai à fortifier ſa vertu contre toutes ſortes d'épreuves. Enfin le Meſſager parut à la porte du Parloir, avec un carroſſe de remiſe où il me pria de monter. Il avoit un nouveau billet pour Roſe. Les circonſtances m'obligeoient de le lire. C'étoient les plaintes d'un homme embarraſſé, qui mettoit toute ſa confiance, diſoit-il, dans la droiture de ſon cœur & dans la bonté de ſa maîtreſſe. Roſe en fut émûe juſqu'à pâlir, & me voyant prêt à la quitter, elle me conjura la larme à l'œil de me ſouvenir de la tendreſſe que j'avois toujours eue pour elle.

Je m'abandonnai au Meſſager, dont la phyſionomie me paroiſſoit au-deſſus de la condition ſervile. Il me déclara volontairement qu'il avoit ordre de me conduire aux Chartreux, où ſon maître, me dit-il, m'attendoit dans le Cloître. Tout lieu m'étoit indifférent. J'emportois un reſte d'émotion qui ne ſe rallentit point ſur la route. En arrivant aux Chartreux, mon guide me montra le Cloître où j'étois attendu.

J'y trouvai en effet un homme ſeul, qui s'avança vers moi lorſqu'il me vit paroître. Ayant eu le tems de l'obſerver à meſure qu'il s'approchoit, je fus frappé de ſon port & de ſa figure. Il ne portoit pas plus de vingt-ſept ou vingt-huit ans ſur ſon viſage. Sa taille étoit libre & majeſtueuſe, ſa démarche noble, ſa phyſionomie intéreſſante, le teint coloré, & l'œil gracieux & ouvert, quoiqu'un peu abattu par quelques traces de triſteſſe. Il étoit mis ſimplement ; mais avec le goût & la fineſſe qui annoncent une perſonne de diſtinction. Je ſouhaitai malgré mon chagrin, que ce fût l'amant de Roſe, & que ſon caractere répondît à de ſi belles apparences.

C'étoit lui-même. L'air respectueux dont il m'aborda, me le fit connoître autant que ses premieres ouvertures. Si je parle au Doyen de Killerine, me dit-il, je suis devant mon Juge ; & je dois chercher à me le rendre favorable. Je lui répondis d'un ton modeste, que la probité & l'honneur étant mes régles, nous ne pouvions être fort opposés de sentimens, s'il les avoit dans le cœur comme je les voyois peintes dans toute sa figure. Hélas ! répliqua-t-il, vous ne me trouverez jamais foible de ce côté-là ; mais qui m'assure que vous aurez autant de bonté, que je vous promets de droiture ? Cependant vous ne devez point vous attendre, continua-t-il, en se mettant en marche pour nous promener, que je commence par de longues protestations de bonne foi, lorsque vous en recevez un témoignage si clair dans la soumission que je marque ici pour vos volontés. Vous triomphez d'une résolution dans laquelle je m'étois confirmé depuis près d'un an. Que n'auriez-vous pas obtenu par les menaces toutes-puissantes que vous avez employées ? Ecoutez-moi sans m'interrompre ; & n'ayez d'indulgence, qu'autant que vous me trouverez de sincérité.

Mon nom est le Comte de S......
J'ai vingt mille écus de rente, de la réputation dans le monde, & la jeunesse que vous me voyez. Je n'étois pas né pour être si riche. Troisiéme fils d'une Maison plus noble qu'opulente, la fortune ne m'offroit point d'autre parti que les armes ; & je l'ai suivi dans ma premiere jeunesse. Un heureux hiver me valut l'estime d'une vieille Veuve, à qui son mari, qui s'étoit enrichi dans les affaires, avoit laissé tout son bien. Elle me demanda mon cœur au même prix. Les instances de ma famille, me firent surmonter mes répugnances. Je l'épousai ; & le même contrat par lequel je lui fis le sacrifice de mes plus belles années, me rendit le maître de tout le bien qu'elle possédoit. Mais j'ai tiré peu de satisfaction de mes richesses. J'avois besoin d'être heureux par le cœur. J'ai conçu que pour le devenir, il me falloit tôt ou tard une femme jeune & aimable, dont je pusse faire le bonheur à mon tour, au prix, s'il le faut, de toute la fortune que je dois à l'amour. J'ai vû votre charmante sœur. Elle m'a inspiré tous les sentimens qui sont nécessaires à la douceur de ma vie. J'ai cherché à les lui faire connoître,

& à mériter les siens. J'ai travaillé à l'attendrir par toutes les voyes de la sincérité & de l'honneur. Je me suis efforcé de la toucher par mes plaintes, de la persuader par mes sermens ; je lui ai offert tout mon bien, à elle, à sa famille. Je la presse actuellement d'en accepter du moins une partie médiocre pour son usage & pour le vôtre. Je suis tout à elle, à vous, à tout ce qui vous appartient. Je demande qu'on me croye sincere, qu'on prenne confiance à mon honneur & à ma tendresse, que la belle Rose accepte mon cœur ; & qu'elle m'engage le sien. Est-ce violer les droits ou passer les bornes ? Cependant elle a rejetté toutes mes offres. Elle n'a voulu rien entendre, ni rien promettre. Elle m'a fait valoir l'autorité de ses freres, à qui elle a toujours exigé que mes sentimens & mes vûës fussent déclarées. J'avouë que cette condition m'a causé de l'embarras. Mais vous les sçavez enfin. Jugez entre nous, mon cher Doyen, ajouta t-il, en prenant tendrement mes mains ; & décidez avec bonté de tout le bonheur de ma vie.

Je le regardois avec étonnement ; & ne voyant dans son discours, que ce que le sens naturel des termes paroîssoit m'offrir, j'étois agréablement surpris de trouver son Histoire si courte, & le fond de ses peines si leger. Voilà un amant bien modeste & bien timide, me disois-je à moi-même; car avec sa naissance, son âge, sa figure, & un bien si considérable, comment a-t il pû craindre de s'ouvrir à Patrice, à moi, à tous ceux qui souhaitent le bonheur & l'établissement de Rose? Il n'ignore pas même qu'il en est aimé; & cette seule pensée ne devoit-elle pas lui donner plus de hardiesse? Enfin ne trouvant dans toute cette avanture qu'un sujet de joye, & des raisons d'estime pour deux amans si réservés, je ne balançai point à lui faire une réponse conforme à mes idées. J'admire votre retenuë, lui dis-je; & je félicite ma sœur de vous avoir inspiré des sentimens si tendres. Elle est sans biens; mais vous ne vous trompez point en lui croyant de la naissance & du mérite. Je conçois qu'un amant riche & généreux, peut trouver de la douceur à faire la fortune de ce qu'il aime. Nous nous connoitrons mieux, ajoutai-je, désormais que nous nous verrons plus librement. N'appréhendez plus d'obstacle; & comptez qu'une inclination si honorable pour ma sœur, sera approuvée de toute sa famille.

Il baisa ma main dans le transport de sa joye. Le mien étoit presqu'égal. Qui empêche, repris-je, que je n'aille dès ce moment vous présenter moi-même à ma sœur ? Oui, me dit-il ardemment ; il suffira que personne ne soit informé de mon nom. Le secret peut demeurer entre nous, & je vous réponds du guide qui vous a conduit ici. Vous l'avez pris pour un domestique ; mais c'est le meilleur de mes amis, qui est dans la confidence du mystere, & qui s'est offert à ce déguisement pour me servir. Ce secret qu'il paroissoit encore desirer, me parut un soin fort inutile. Comme je lui expliquois ma pensée, O ciel ! interrompit-il en se troublant, ne m'auriez-vous pas entendu ! Quoi donc ? lui dis-je avec quelques marques d'étonnement. Hélas ! reprit-il, ne vous ai-je pas dit que je suis marié, & que ma femme n'est pas morte ?

Nous nous étions arrêtés. Un dénouement si imprévû, me fit baisser la tête, pour cacher ma surprise & ma rougeur. Assurément, répondis-je, vous ne m'aviez pas fait comprendre que votre femme fût vivante. Voilà une franchise à laquelle je ne m'attendois point; & que je ne vous aurois pas pressé d'avoir pour moi, si j'eusse pû m'en défier. Cependant je la louë; & je serai fidele à la discrétion que je vous ai promise. Je conçois à présent, continuai-je, en relevant les yeux pour observer sa contenance, d'où venoit la peine que vous aviez à vous ouvrir à mon frere; mais je ne démêle pas si bien quelles sont vos vûës dans les confidences que vous me faites. Me croiriez-vous capable de favoriser.... N'achevez pas, interrompit-il avec transport; ne joignez pas à la douleur que j'ai de perdre si-tôt mes espérances, celle de m'entendre soupçonner d'une infamie. Le ciel dont je ne crains pas d'attester la vérité, voit au fond de mon cœur, que je n'ai rien à me reprocher. Mais pourquoi m'avez-vous interrompu, ajouta-t-il, en reprenant un ton affectueux? Vous m'aviez promis une attention dont vous vous êtes lassé. Je ne faisois qu'entrer dans les explications pour lesquelles vous êtes venu. Ecoutez-moi; & ne me condamnez pas du moins sans m'avoir entendu.

Je me composai assez pour lui accorder toute l'attention qu'il me demandoit. Il est donc vrai, reprit-il, comme je vous l'ai confessé, que je suis engagé dans de malheureuses chaînes, mais je ne les porterai pas jusqu'au tombeau. En gémissant de la rigueur de mon sort je ne puis m'en plaindre au Ciel, qui le fera servir à m'en assurer un plus heureux. Madame de S… est mourante ; son âge & ses maladies continuelles ne lui promettent pas six mois de vie. J'ai crû la perdre vingt fois, par des accidens qui se renouvellent tout les jours. Sa mort me laissera libre ; & quel usage pensez-vous que je ferai aussi-tôt de ma liberté ? J'irai la sacrifier de nouveau aux pieds de votre Sœur, mais avec la certitude de trouver mon bonheur à ne vivre que pour elle ; je la ferai la maîtresse absoluë de ma fortune & de toutes mes affections ; elle sera mon idole. Vous, votre famille, tout ce qui vous touche me tiendra lieu de ce que j'ai de plus cher. Ah ! que je ferai dédommagé heureusement de la contrainte où j'ai vecû jusqu'aujourd'hui ! En attendant le jour marqué par le Ciel, reprit-il plus doucement & comme s'il fût revenu d'une espece de rêverie, quelles loix, quelles maximes d'honneur ou de Religion peuvent condamner le soin que je veux prendre de vous

& de votre Sœur ? Qui m'empêchera de vous traiter comme un Frere, & elle comme une personne cherie & respectée, à qui je destine quelque jour un empire absolu sur tout ce qui m'appartient ? Ne me sera-t-il pas permis d'employer une partie superflue de mes richesses pour assûrer une vie douce & tranquille à celle de qui j'attens tout mon repos ? Je ne publierai point mes services ; je ne ferai valoir ni mes bienfaits ni mes soins ; je ne demande point d'attentions ni de complaisances : c'est moi seul que je veux satisfaire, en offrant ce que je serai trop heureux qu'on veüille accepter. Je renoncerai, si l'on veut, à la voir. Elle sait bien elle-même que c'est une condition que je me suis toujours imposée ; j'attendrai le changement de mon sort pour lui présenter tout à la fois mon cœur, mon bien, ma personne, & le nom de mon Epouse. Il me jettoit un regard presqu'à chaque mot, pour voir quelle impression son discours faisoit sur moi, & se sentant comme encouragé d'un sourire que son ardeur, joint au panchant que j'avois réellement pour lui, me fit faire sans attention ; il faut que je vous apprenne, continua-t-il d'un air plus enjoué, jusqu'où je suis capable de porter la discrétion.

Un Billet d'importance, où le secret de ma passion étoit contenu, fut arraché un jour avec violence des mains d'un Laquais que j'employois à mes commissions. Je me défiai de mon malheur, en voyant ce Garçon revenir fort triste. Il me raconta qu'un jeune homme de bonne mine l'avoit surpris dans un lieu écarté, & l'avoit forcé, la pointe de l'épée sur l'estomac, de lui rendre sa lettre. Mais il avoit eu assez de présence d'esprit pour le suivre, & il m'apprit sa demeure. Quoique mon nom n'eût point été commis, je ne pus songer sans fureur qu'une Piéce si précieuse étoit entre les mains d'un Inconnu. Mon ressentiment auroit éclaté sur le champ par quelque entreprise violente, si de justes considérations n'eussent combattu mes transports. Un intime Ami, mon compagnon d'armes, & le seul confident de mon amour, se présenta heureusement au milieu de mon agitation. Je le chargeai d'éclaircir cette cruelle avanture. Il revint en peu de momens, avec des lumieres qui rallentirent ma colere, mais qui augmenterent mon embarras. C'étoit votre frere, qui paroissoit avoir entrepris de se mettre entre votre Sœur & moi, & de me couper tout

accès

accès auprès d'elle. Avec quelles allarmes n'examinai-je point si j'avois donné lieu à ses soupçons par quelque imprudence, & dans quelle contrainte ne tins-je pas mes sentimens pendant toute la durée de cet orage ? Mais sur le portrait que mon Ami m'avoit fait de votre Frere, je ne pus résister à l'envie de le voir. J'en cherchai aussi-tôt l'occasion. La premiere qui me réüssit devint pour moi comme une nécessité d'en chercher d'autres. Je pris pour lui une inclination dont rien ne put me défendre. Il sembloit que tout ce qui appartenoit à votre sang eût le même droit de me toucher le cœur. Je le fis suivre, pour découvrir ses liaisons & ses habitudes. Je fréquentai les mêmes promenades, & je m'introduisis dans les mêmes compagnies. Après la vûë de sa Sœur, je ne connoissois plus rien qui pût me flatter autant que la sienne. Cependant toûjours retenu par mes craintes, je faisois violence au panchant qui me faisoit souhaiter de l'entretenir seul & de me lier étroitement avec lui. J'évitois même de l'approcher trop, & de m'engager dans quelque conversation que je n'aurois pû soutenir sans embarras. Ainsi je me tins en garde jusqu'à son départ contre les plus doux senti-

II. *Partie.* I

mens de l'amitié & de l'amour ; faisant tout à la fois mes plus cheres délices de m'y livrer, & toute mon occupation de les combattre.

Il quitta Paris. Je n'en demeurai pas moins fidéle à mes principes, & si je me hazardai à renouveller à votre sœur quelques marques de ma constance, elle rendra témoignage au respect qui qui les a toujours accompagnées. Dès ce tems-là combien n'auroit-elle pas pû s'épargner de peines, si elle avoit voulu prêter l'oreille à mes offres ? J'ai souffert plus qu'elle de l'étrange situation où elle s'est réduite, mais j'ai compté mon silence entre les preuves de mon amour ; & par un nouveau genre d'obéissance & de respect, je me suis soumis au tourment de la voir dans l'indigence, pour la convaincre qu'il n'y a rien d'excepté dans le serment que je lui ai fait de lui être dévoué toute ma vie. Si j'ai veillé autour d'elle, comme un avare auprès de son trésor, elle l'a toujours ignoré. Si j'ai réussi heureusement à lui procurer quelques secours, j'ai eu la joye de les lui voir accepter sans les connoître. Enfin j'ai rempli tous les devoirs, je me suis assujetti à tous les droits ; & quand je vous presse de recevoir pour elle & pour vous ce que la fortune me met en état de vous offrir, je pense bien moins à vous faire une faveur, qu'à remplir une obligation qui tire sa force des engagemens que je dois prendre un jour, & que j'ai déja contractés au fond du cœur.

Il s'arrêta pour attendre ma réponse. Je crûs remarquer qu'il tiroit quelque confiance du tour plausible qu'il avoit donné à ses raisons. Mais leur longueur m'avoit laissé le tems de prendre le parti auquel je crus devoir m'arrêter. Des objections, qui ne pouvoient être en petit nombre, m'auroient exposé à ne pas voir finir ses répliques. Je réduisis les miennes à un raisonnement fort court : Sans vous suivre, lui dis-je, dans le détail où vous êtes entré, il est manifeste que vous ne pouvez prétendre à ma sœur aussi long-tems que le Ciel vous laissera votre épouse. Il ne l'est pas moins qu'elle se déshonoreroit à vous voir & à vous écouter. L'unique difficulté qui reste entre nous, est de savoir si dans le cas où vous vous supposez, c'est-à-dire, tous les jours au moment de perdre une femme vieille & infirme, vous pouvez jetter les yeux sur celle que vous destinez à remplir sa place, & si les promesses que vous lui faites dans cette vûe l'autorisent à recevoir vos bienfaits. Cette question, ajoutai-je, est tout-à-fait nouvelle pour moi, & je vous confesse que j'ai besoin de plus d'un jour pour me mettre en état de la résoudre. Je vous quitte avec la reconnoissance que je dois à vos généreuses intentions, & je vous demande le tems qui m'est nécessaire pour vous répondre. Il vouloit me retenir, avec diverses marques d'impatience & de chagrin. Je m'obstinai à partir, & j'eus soin seulement de prendre le nom de sa demeure, où je m'engageai à lui porter moi-même un éclaircissement que je désirois autant que lui.

Quoique je fusse satisfait de ma réponse après l'avoir quitté, je ne demeurois pas moins chargé de deux embarras, dont le moindre étoit capable de me causer de nouvelles inquiétudes. Je ne regardai pas comme le plus pénible celui de méditer sur les propositions du Comte de S... parce que j'étois le maître du tems, & que dans une ville aussi éclairée que Paris, je ne pouvois manquer de conseil; mais je me représentois l'impatience de Rose, qui m'avoit recommandé si tendrement ses intérêts; & dans l'irrésolution que j'emportois pour unique fruit de mon voyage, il ne s'offroit rien à mon esprit qui fût propre à la satisfaire. Le carrosse m'ayant reconduit fort vîte, je me trouvai à la porte de son Couvent sans être convenu avec moi-même de ce que j'avois à lui dire. Cependant un moment que je passai seul avant que de la faire appeller, me servit à recueillir mes esprits. Je crus voir un égal danger à lui raconter la verité de tout ce que je venois d'apprendre, & à la lui cacher entierement. Passionnée comme elle étoit pour son amant, je craignois de l'allarmer trop par un silence affecté; & j'appréhendois encore plus, en lui déclarant qu'elle aimoit un homme qui n'étoit pas libre, de l'exposer à des combats difficiles, qui me laisseroient quelque chose à redouter pour sa vertu. Qui sait, disois-je, si tous ces sentimens de Religion & d'honneur, que l'espérance a soutenus jusqu'aujourd'hui, résisteront facilement au désespoir ? Car l'attente de la mort d'autrui est un fondement d'espérance bien incertain, & si l'amour cause tous les transports que j'entens dépeindre, j'ai peine à le croire capable de se payer d'une consolation si legére. J'ai vaincu le cœur de Patrice, mais c'étoit par des motifs qui feront toujours une juste impression sur le cœur d'un homme sensible. J'en juge hardiment par le mien. Connois-je de même celui des femmes ? Et qu'ai-je d'ailleurs à opposer à Rose que les motifs ordinaires, dont on dit que l'amour a si souvent triomphé. Ces réflexions me déterminerent à prendre un tempérament entre les deux extrêmités que j'avois d'abord envisagées.

Elle ne se fit pas long-tems attendre aussi-tôt que je l'eus fait avertir. Je ne voulus pas la laisser un moment suspendue. J'ai vû votre Inconnu, lui dis-je, j'ai appris de lui-même son nom, ses affaires, & toutes les raisons qui l'obligent au mystére. Je les ai trouvées justes, mais l'honneur m'impose le silence. Il vous oblige de même à modérer vos sentimens, aussi longtems du moins qu'il sera forcé de renfermer les siens. Je vous plains tous deux, & vous sur-tout qui aviez peut-être d'autres espérances. Mais vous auriez honte de montrer moins de vertu & de fermeté que lui.

Je me serois applaudi de ce prélude, par l'effet que je lui vis produire aussi-tôt pour la satisfaction de Rose, si la joye même qu'elle ressentit de n'avoir point d'autre obstacle à surmonter que le tems, ne m'eût fait naître un autre scrupule. Mon adresse l'a rendue tranquille, me dis-je à moi même, mais elle n'en aimera que plus ardemment. Le témoignage même que je rends à la droiture & à la constance de son amant, va lui faire une loi de ne pas se laisser vaincre par ce double mérite. Or si la raison que j'ai de lui cacher la situation du Comte est la crainte qu'elle ne blesse son devoir en continuant de l'aimer, le blessera-t-elle moins de l'aimer sans connoître sa situation ? Alors le crime, dont elle sera peut-être justifiée par son erreur, ne tombera-t-il pas directement sur moi, qui devrai l'attribuer à l'ambiguité de mes expressions ? Ma délicatesse de conscience fut si allarmée de ce raisonnement, que je me crus obligé de prévenir aussi-tôt le mal que j'allois causer. J'interrompis quelques marques de joye, que je voyois éclater au travers de sa modestie. Si vous m'avez bien compris, lui dis-je plus nettement, vous regarderez votre mariage comme une chose si obscure & si difficile, que vous vous disposerez de longue main à le voir manquer; & je prévois même, ajoutai-je, que dans quelques jours l'honneur nous fera une nécessité de retourner promptement

I iiij

en Irlande. Cette réflexion sur notre départ étoit d'autant plus sincére, qu'avec toutes les raisons que j'avois déja de le souhaiter, je ne croyois pas qu'il pût être différé un moment, si les consultations que je voulois faire sur le cas du Comte de S... ne nous étoient pas favorables. Et pour satisfaire sans rigueur à tous les devoirs, j'avertis Rose que de quelques jours du moins, qui étoient le tems que je devois employer à m'éclaircir, la bienséance ne lui permettoit point de recevoir les lettres de son amant. Quelque ménagement qu'il y eût encore dans tous ces détours, elle pénétra plus loin qu'il n'étoit nécessaire pour lever mes scrupules. Ses yeux se couvrirent de larmes. N'ayant point la hardiesse de me demander d'autres explications, elle tomba dans une profonde rêverie, qui me laissa lire quelques momens sur son visage toutes les agitations de son cœur. Ah! me dit-elle enfin, je vois trop clairement mon sort. Je ne serai pas plus heureuse que mon frere. Sa douleur me toucha si sensiblement, que je demeurai plus d'une heure avec elle, à faire tous mes efforts pour l'adoucir. Mais jugeant de ce qu'elle avoit à craindre par le soin même que je prenois de la consoler, elle ne me donna pas la satisfaction de croire, en la quittant, qu'elle fût dans une situation plus tranquille.

Cependant le devoir & l'honneur ne pouvant entrer en balance avec les foiblesses de la nature, je pensai aussi-tôt à démêler le point fixe auquel je devois m'attacher. Quoique la droiture de mes intentions fût capable de me donner quelque confiance pour mes propres lumieres, je ne crus point que dans une affaire si délicate, il y eût des soins excessifs, ni des précautions inutiles. Je connoissois quelques Docteurs, gens sages & éclairés, dont les décisions réunies devoient être une loi pour tous les honnêtes gens. Je pris le parti de les voir successivement, & de leur proposer mes doutes. Ils s'accorderent à me demander quelques jours, pour s'éclaircir eux-mêmes par de nouvelles études; & nous convînmes de nous assembler après cet espace, pour examiner en commun toutes les opinions. De mon côté, je passai le tems comme eux à relire tout ce que je crus propre à mon instruction, & sur tout à consulter le ciel, dont les inspirations sont quelquefois l'unique ressource d'un cœur droit, dans les questions douteuses de morale.

I v

Si je dérobai chaque jour quelques heures à mon travail, ce fut pour soutenir Rose, dont je m'apperçus que la tristesse augmentoit continuellement. Elle me parloit peu. Dans l'incertitude où ma sincérité m'obligeoit de la laisser, chaque fois qu'elle me voyoit paroître elle sembloit d'abord attendre les éclaircissemens que je lui avois fait espérer; & lorsqu'elle s'appercevoit à mes premiers discours que je ne lui apportois que mes consolations ordinaires, j'avois peine à lui faire rompre un silence mélancolique, qui me causoit plus d'inquiétude que des larmes & des plaintes. Quoiqu'elle m'eût promis de renvoyer les lettres de son amant sans les ouvrir, & qu'elle ne fût point capable de manquer à cette promesse, je remarquai que ce fut un chagrin fort sensible pour elle de n'avoir pas eû une seule occasion de l'exécuter. La discrétion du Comte le retenant dans des bornes encore plus étroites que je ne les lui avoit imposées, il se réduisoit à me faire demander chaque jour de ses nouvelles & des miennes. J'eus la fermeté de ne pas même apprendre à la triste Rose cette marque d'attention & de constance, pour l'accoûtumer insensiblement à des privations plus douloureuses, dont je la croyois menacée.

Enfin le jour marqué pour notre conférence étant arrivé, nous nous assemblâmes dans le cabinet du plus grave de mes Docteurs, au milieu de ses livres & de ses papiers, qui étoient comme autant de témoins muets de l'usage qu'on alloit faire de la doctrine qu'on y avoit puisée. Nous étions sept, dont le moins âgé l'étoit beaucoup plus que moi. Après avoir commencé par une courte priere, chacun prit sa place suivant le rang de l'âge. Le mien me réduisoit à la plus basse, autant que le respect & la déférence que je devois à une assemblée dont j'implorois les lumieres. On garda le silence pendant quelques momens. Enfin l'Ancien prenant la parole, me pria d'exposer le sujet qui nous avoit assemblés, & sur lequel je demandai le sentiment de la compagnie. Je me levai; & faisant une inclination profonde à ma droite & à ma gauche, j'allois ouvrir la bouche pour réduire la question aux termes les plus simples; lorsque l'Ancien m'interrompant d'un air chagrin, m'avertit que dans toute assemblée où l'on reconnoissoit un chef, la premiere

I vj

salutation devoit lui être adreſſée. Un autre ſe tournant auſſi-tôt vers lui, convint qu'en général, cette propoſition étoit juſte; mais outre que Mr. le Doyen, ajouta-t-il, eſt diſpenſé par ſa qualité d'Etranger, de ſe conformer à nos uſages, nous n'avons point prétendu que l'honnêteté avec laquelle nous avons conſenti à nous rendre chez vous, fût un acte par lequel nous nous ſoyons obligés à vous reconnoître ici pour notre chef. Cela eſt vrai, interrompit le ſuivant. A quel titre? dit un troiſiéme. La prétention eſt plaiſante! reprit un autre. En un inſtant, chacun témoigna ainſi par quelque marque de mécontentement, que l'Ancien s'attribuoit un droit que perſonne n'étoit diſpoſé à lui céder. Quoiqu'un peu déconcerté d'une oppoſition ſi unanime, il inſiſta ſi ardemment ſur ſa prétention, & les autres s'échaufferent ſi ſérieuſement à la conteſter, que s'étant levés tous enſemble, je vis le moment où l'étonnement & la crainte alloient me faire prendre le parti de me retirer.

Cependant m'étant flatté qu'une premiere chaleur ſe réfroidiroit bientôt entre des gens ſi raiſonnables, je me haſardai à leur repréſenter que mon affaire pouvoit être finie avec moins de formalités, & que de bout même comme ils étoient, sans distinction de droits & de rangs, ils pouvoient en deux mots me déclarer chacun leur sentiment. Je ne sais si ce fut la honte d'avoir marqué un peu de foiblesse aux yeux d'un Étranger; mais revenant tout d'un coup à eux-mêmes, ils cesserent de se quereller pour m'entendre. Je renouvellai tranquillement la priere que je leur avois faite, de m'expliquer leur pensée en peu de mots. Eh! bien, répondit l'Ancien, en se hâtant de prévenir les autres; sans y chercher tant de mistere, l'homme de votre cas est adultere au fond du cœur, & toute femme qui l'écoute, participe à son crime. Il nous tourna le dos d'un air irrité après cette décision.

Un autre prit la parole avec plus de douceur : L'opinion de Mr. le Docteur, dit-il en souriant vers moi, se ressent un peu du chagrin que notre refus lui a causé. La mienne est, qu'à la veille de perdre sa femme, un homme peut fort innocemment jetter les yeux sur celle qu'il destine à lui succéder, & prendre même des mesures honnêtes pour s'assurer d'avance de son estime & de son consentement. Je suis du même avis, continua le troisiéme; mais j'y mets une condition: c'est qu'il ne se passe rien entr'eux qui blesse la fidélité du premier mariage. Je demande beaucoup plus, interrompit un quatriéme, pour embrasser une opinion si dangereuse. Je veux que cet homme & cette femme n'ayent même aucune communication, soit d'amitié, soit de civilité simple, qui puisse faire naître au Public le moindre soupçon d'une intelligence scandaleuse. L'Ancien qui avoit le visage tourné vers une fenêtre, & qui ne paroissoit plus prendre part à ce qui se disoit derriere lui, leva tout d'un coup la voix: Plaisantes décisions, dit-il, en éclatant de rire! Ces gens-là n'ont pas une ombre de Théologie. Oh! Plaisant vous-même, reprit celui qui avoit parlé le dernier. Je suis prêt à prouver mon sentiment par tous les Peres & les Conciles de l'Eglise. Je vous en défie, répliqua l'Ancien, en se tournant brusquement vers l'Assemblée. J'ai ici tous les Conciles & tous les Peres. Ceux qui avoient été à peu près de la même opinion, s'approcherent de lui pour lui faire comprendre qu'il avoit tort; & qu'un seul Docteur, fut-il l'Ancien, prétendit-il être Chef, ne pouvoit l'emporter sur plusieurs Docteurs réunis. D'ailleurs citant divers passages, ils s'efforçoient tous ensemble de lui prouver que le sens naturel, étoit celui qu'ils en avoient tiré ; & qu'il falloit n'avoir aucune connoissance des Langues Grecque & Latine, pour s'en imaginer un autre. Les Langues Grecque & Latine ! s'écria le vieux Docteur en furie ; c'est donc vous qui prétendez me les apprendre ? Et les traitant eux-mêmes d'ignorans, qui avoient besoin tous les jours de recevoir ses leçons, il leur nomma cent Traités Grecs & Latins, sur lesquels il s'offrit de prouver sur le champ qu'ils n'avoient jamais jetté les yeux. Le bruit de cette étrange dispute, qui ne faisoit que s'échauffer par la médiation de ceux qui n'avoient pas parlé, & qui vouloient se rendre arbitres de la querelle, avoit déja attiré tous les domestiques à la porte du cabinet. J'avois heureusement mon chapeau & ma canne entre les mains. Je saisis un moment pour gagner l'escalier ; & le descendant sans tourner la tête derriere moi, je m'éloignai promptement de la Maison.

Mes réflexions furent courtes sur cette avanture. Après avoir gémi un moment du malheur d'un grand nombre de Sçavans, qui n'employent leurs lumieres qu'à nourir leur préfomption & leur orgueil, je me reprochai de n'avoir pas mieux connu le caractere de ceux que j'avois confultés, & dont l'air grave & la réputation m'en avoient impofé. Mais malgré le ridicule d'une scene si peu attenduë, je conclus du partage de leurs fentimens, que dans une affaire où je voulois expofer aussi peu ma confcience que l'honneur de Rofe, je devois m'arrêter moins que jamais à ma propre décifion. Elle auroit peut-être été d'accorder quelque chofe à l'inclination & à l'avantage même de Rofe, en promettant au Comte de ne pas me hâter trop de difpofer d'elle, fans confentir néanmoins à recevoir les bienfaits d'un homme que je ne croyois pas le maître de difpofer arbitrairement de fon bien. A la rigueur, j'aurois crû pouvoir demeurer quelque tems à Paris, avec le foin continuel d'entretenir ma fœur dans l'incertitude où je m'étois efforcé de la mettre. C'étoit du moins une fituation de cœur innocente, d'où je concevois toujours que je ne pouvois la faire fortir, fans l'exposer à d'autres périls; & le Comte paroissant si sage que j'étois bien fondé à me reposer sur lui-même de l'innocence de ses vûës, je n'appercevois rien dans toutes ces suppositions qui pût allarmer absolument mon honneur ni ma conscience. Cependant le repos d'un ame chrétienne ne pouvant subsister avec le moindre doute, je ne me rebutai point du mauvais succès de ma premiere entreprise; & je résolus de proposer plûtôt le cas à l'Assemblée de Sorbonne, que de faire dépendre ma sûreté de mes propres lumieres.

Ce fut un nouveau soin dont je m'occupai les jours suivans. Je dressai avec beaucoup de travail, un Mémoire où j'instruisois moi-même la question par tous les argumens que je pus tirer de l'autorité, de l'exemple, & sur-tout de l'esprit du Legislateur dans l'établissement du mariage. Je l'avois fini, & je ne pensois plus qu'à me procurer quelque ouverture pour le faire présenter à l'Assemblée, lorsqu'un coup des plus imprévûs rendit mon ouvrage inutile. Je reçûs par le Messager ordinaire du Comte de S... une lettre de sa main, qui contenoit la mort de sa femme, avec toutes ses circonstances. Il s'exprimoit sur cette perte, du ton d'un honnête homme, qui n'oublie point ce qu'il doit à la reconnoissance dans le tems même qu'il est le plus occupé d'un autre intérêt. Je conserverai toujours, me disoit-il, ce sentiment pour sa mémoire, comme je l'ai entretenu pendant toute sa vie pour sa personne; mais n'ayant jamais goûté avec elle d'autres douceurs que celles du devoir, il confessoit que la tristesse n'étoit pas ce qu'elle lui laissoit de plus durable en mourant. La bienséance néanmoins, dont il étoit résolu de ne pas se relâcher jusqu'à la fin, l'empêchoit d'être lui-même chez moi pour m'annoncer cette nouvelle. Il finissoit en me recommandant ses affaires, sans nommer ma sœur ni parler d'amour; & j'admirai avec quelle discrétion il avoit sû concilier les devoirs de son deüil & les intérêts de son amour.

Quoiqu'il ne me fût pas moins difficile de distinguer dans un tel évenement jusqu'où la charité m'obligeoit de m'attrister, & à quelles bornes elle me permettoit de me réjouir, j'avoue que mon premier mouvement fut de benir le Ciel, dont la bonté nous avoit tenue cette faveur comme en réserve. Mes réflexions tombant ensuite sur Rose; Quelle va être sa joye, dis-je en moi même, & puis-je me hâter trop de lui annoncer cette nouvelle? Cependant il me parut, après un peu de délibération, que mon impatience devoit être modérée. J'avois mille choses à éclaircir. Le bien, la condition, le caractere du Comte ne m'étoient connus que par son propre témoignage, & si les apparences m'avoient porté à le croire sincere, la prudence ne me permettoit point de m'en rapporter au seul dehors. Je lui fis une réponse dont il dût être aussi content que je l'avois été de sa lettre ; dans la visite que je rendis le même jour à ma sœur, je me bornai à relever ses espérances, par des exhortations & des caresses dont je remarquai avec joye qu'elle tiroit elle-même un bon augure.

En la quittant, le hazard me fit rencontrer Mylord Linch, qui examinoit curieusement la situation du Monastere. Je ne l'avois pas vû depuis sa retraite précipitée, & regrettant médiocrement son amitié, je m'étois seulement fait informer du nouveau quartier qu'il avoit choisi pour demeure. Il s'étoit logé à l'extrêmité la plus opposée au mien, où je n'aurois jamais pensé à l'interrompre. La suite des événemens m'apprit qu'il n'avoit pas eu la même indifférence pour toutes mes démarches, & sa rencontre me le fit soupçonner; mais outre que ses menaces ne m'avoient pas causé des allarmes fort sérieuses, je croyois ma sœur plus à couvert que jamais de ses persécutions par les nouvelles ressources que nous avions dans le zéle & le crédit du Comte, & je ne pensai qu'à couper assez brusquement par une autre rue, pour éviter la nécessité de lui parler. Il comprit sans doute que j'avois dessein de le fuir, mais la maniere dont il m'avoit traité me dispensoit d'en user plus civilement. Bien éloigné néanmoins de me défier du fond de ses vûes, je m'occupai pendant le reste du jour à prendre les informations qui pouvoient m'assûrer de la droiture du Comte de S.... La mort de son Epouse, qui causoit un certain mouvement dans le voisinage de sa maison, me fit trouver facilement des prétextes. Ce que j'appris de plusieurs personnes d'honneur, & de son Curé même, à qui je ne fis pas difficulté de m'adresser, me persuada qu'en parlant de sa naissance & de ses richesses, il m'avoit fait un portrait fort modeste.

Qui n'auroit pas compté sur des espérances si présentes & si bien établies ? En me retirant chez moi, je me proposois de voir le lendemain mon frere à la Bastille , & de lui faire l'ouverture du parti honorable qui se présentoit pour Rose. Ma crainte n'avoit jamais été de le trouver opposé à ce projet. Il aimoit sa sœur ; & son ambition ne pouvant manquer d'être aussi flattée d'un tel établissement que sa tendresse , j'étois sûr qu'en apprenant les procédés de Mylord Linch , le consentement qu'il avoit accordé à ses sollicitations ne lui coûteroit rien à rétracter. Son propre intérêt lui devoit faire souhaiter une alliance aussi puissante que celle du Comte , & je me promettois déja que sa liberté en seroit bien tôt la suite. Ainsi le Ciel paroissoit commencer de toutes parts à favoriser la droiture & l'innocence de mes désirs.

Je rentrai chez moi plein de ces idées. Mais les dispositions de la Providence ne sont-elles pas impénétrables ? Un Laquais étranger, que je reconnus aussitôt pour l'avoir vû long-tems au service de des Pesses , se présenta à moi les yeux couverts de larmes. Il plaignit d'abord son propre malheur dans les termes les plus touchans , & prononçant plusieurs fois le nom de son Maître avec autant de soupirs, il m'apprit que ce malheureux jeune homme, avec qui il étoit revenu d'Allemagne le jour auparavant, avoit perdu la vie par la main d'un Inconnu. Ses gémissemens & ses pleurs lui coupoient la voix. Je le pris par la main pour le conduire dans mon cabinet. Je le fis asseoir près de moi ; & ne comprenant rien à mille choses funestes qu'il reprenoit confusément, je lui demandai l'explication d'un malheur que j'avois peine à me persuader.

Il me dit enfin, avec plus de liaison, qu'il étoit chargé de plusieurs papiers, dont je tirerois des lumieres importantes ; mais que son Maître lui ayant ordonné par ses dernieres paroles de me rendre compte des circonstances de son malheur & de ses derniers sentimens, il vouloit commencer par ce récit. Ils étoient arrivés la veille : le premier soin de des Pesses avoit été de recevoir les informations de son valet de chambre, qu'il avoit laissé à Paris. Surpris de mon retour, & charmé que la protection du Ciel eût préservé Rose de mille dangers pendant son absence, il n'avoit d'empressement que pour me voir ; lorsqu'au moment qu'il se disposoit à sortir, un

Inconnu avoit demandé à lui parler, & l'avoit pris à l'écart. Après un entretien fort long & fort animé, l'Inconnu s'étoit retiré, & des Peſſes qui ne parloit un moment auparavant que du déſir qu'il avoit de me voir, avoit défendu au contraire à ſes gens de me donner avis de ſon retour juſqu'au lendemain au ſoir. Il avoit ſoupé fort tranquillement dans leur préſence, & s'étant mis au lit, en leur renouvellant les mêmes défenſes, rien n'avoit paru troubler ſon ſommeil pendant toute la nuit. Le lendemain il étoit monté à cheval, ſuivi du ſeul laquais qui me faiſoit ce récit, & ſans lui communiquer ſon deſſein il avoit gagné le Bois de Boulogne, où il lui avoit donné ordre de l'attendre à la porte. Ce qui s'étoit paſſé depuis cet inſtant n'avoit été vû de perſonne; mais dans moins d'un quart d'heure le même Inconnu, qui l'avoit entretenu la veille en particulier, avoit paru à cheval; & ſortant du bois par la même porte, il avoit dit au laquais, après lui avoir demandé s'il n'étoit pas à des Peſſes, de porter promptement du ſecours à ſon Maître. Ce fidele garçon s'étoit mis à courir à bride abbattue par la même route, & quoique ſon trouble ne lui eut pas même permis de s'informer du lieu où il devoit le chercher, son cheval, qu'il vit attaché au tronc d'un arbre, lui avoit servi heureusement à le découvrir.

Je l'ai trouvé, continua-t-il en redoublant ses larmes, étendu à terre & noyé dans son sang. Quoi! mort? interrompis-je, avec une vive allarme pour son sort dans une autre vie. Non, reprit-il; mais deja si épuisé de forces qu'à peine il pouvoit se remuer. Il m'a reconnu. Je te remercie de ton zele, m'a-t-il dit; mais si tu veux me rendre avant ma mort un service auquel je sois sensible, hâte-toi de me faire transporter chez Mr. le Doyen de Killerine. Je lui ai fait comprendre qu'il falloit commencer par arrêter son sang qui continuoit de couler à grands flots. Il y a consenti. Ma cravate, la sienne, une partie de ma chemise & même de mes habits ont été employées assez heureusement à ce triste office. J'ai gagné aussi-tôt la grande route pour trouver quelqu'un qui m'aidât à le transporter. Quatre Passans, que j'ai arrêtés à force de prieres, l'ont porté entre leurs bras jusqu'à la maison qui est à la porte du Bois. En vain l'ai-je pressé de s'y arrêter. Il s'est fait mettre sur un fauteuil, teüil, & lui-même animant les porteurs par la promesse d'une grosse récompense, il leur a fait gagner le Fauxbourg S. Honoré, avec ordre d'aller directement chez vous. Mais l'agitation ne pouvant être si douce qu'elle n'achevât d'abattre ses forces, une foiblesse qui lui est survenue à l'entrée du Fauxbourg nous a contraint d'entrer chez le premier Chirurgien. En reprenant un peu ses esprits, il a conçû qu'il ne pouvoit aller plus loin sans abréger le peu de momens qui lui restoient à vivre. Il a souffert que le Chirurgien ait visité ses blessûres. Elles étoient si mortelles, qu'on ne lui a pas promis une heure de vie. Sans s'effrayer de la mort, il m'a ordonné de vous faire prier sur le champ de vous rendre auprès de lui ; mais plusieurs messagers que je vous ai dépêchés successivement ne vous ont point trouvé chez vous. Pendant ce tems-là mon malheureux Maître avoit donné ordre qu'on lui fit venir un Confesseur & les deux Notaires les plus voisins. Il est demeuré quelque tems enfermé avec eux ; après quoi m'ayant fait appeler, il a payé libéralement ses porteurs, & c'est avec moi qu'il a voulu passer ses derniers momens. Tu m'as toujours servi fidelement,

II. Partie. K

m'a-t-il dit d'une voix qui s'affoiblissoit à chaque parole ; tu seras récompensé : mais que ton zéle ne se relâche pas après ma mort. Je sens qu'elle s'approche. Tu te hâteras de voir aussi-tôt le Doyen de Killerine, à qui tu remettras ces papiers. Il se chargera du soin de mes funérailles. Dis-lui que dans mon malheur j'aurois emporté quelque consolation, si j'avois pû l'embrasser en mourant. Je lui étois dévoué ; à lui, à sa sœur & à son frere Patrice. Tu ne verras pas aisément sa sœur : mais si tu la voyois, dis-lui que je meurs pour elle. Voilà les dernieres paroles de mon cher Maître, ajouta le triste messager, avec une nouvelle abondance de pleurs. Il s'est efforcé en vain d'en ajouter d'autres qu'il n'a pû prononcer distinctement. Je me suis apperçû tout d'un coup par son silence que son ame l'avoit abandonné avec le reste de ses forces.

En finissant ce récit, il me présenta le paquet de papiers qui étoit cacheté soigneusement. La profonde consternation où j'étois, ne m'empêcha point de l'ouvrir sur le champ, par le désir d'exécuter du moins avec autant de diligence que de zele, les dernieres volontés d'un ami si fidele & si généreux.

Le premier écrit qui se présenta, étoit une lettre qui m'étoit adressée. Elle étoit signée, quoique les deux pages dont elle étoit composée, fussent d'un caractere qui m'étoit inconnu. Il se servoit, me disoit-il, de la main de son Confesseur, pour m'écrire une lettre que je ne devois recevoir qu'après sa mort. Se remettant sur son laquais de l'explication des circonstances, il m'avouoit que sans avoir jamais connu Mylord Linch, il croyoit mourir de sa main. C'étoit celle d'un rival; & il n'avoit point appris qu'il en eût d'autre. D'ailleurs le langage de son ennemi, lui confirmoit que c'étoit un Etranger. Cependant le désir de la vengeance avoit moins de part à cette ouverture, que les justes raisons qu'il croyoit avoir de m'inspirer quelque crainte pour ma sœur & pour moi-même, sur quelques discours que le ressentiment avoit fait sortir de la bouche de son meurtrier. Autant qu'il en avoit été allarmé pour notre intérêt, autant s'étoit-il cru heureux d'entendre de la bouche même d'un rival, que Rose lui tenoit compte de l'ardeur & de la constance de son amour; & qu'elle s'étoit heureusement déclarée en sa faveur. C'étoit sans doute à mon amitié qu'il étoit redevable de ce changement. A quel excès de bonheur la mort l'obligeoit-elle de renoncer? Mais n'ayant plus devant les yeux qu'un tombeau ouvert & prêt à le recevoir, il me supplioit de faire agréer à ma sœur, les seules marques de reconnoissance qu'il avoit à lui offrir, & que je trouverois jointes à sa lettre. Quand le penchant de son cœur, ajoutoit-il, ne l'auroit pas porté à ce qu'il faisoit en sa faveur; il s'y seroit cru obligé pour réparation de la seule faute qu'il avoit à se reprocher, & dont il vouloit me faire l'aveu en mourant. Quelques éclaircissemens qu'il avoit reçus de Patrice, lui ayant fait désespérer de toucher le cœur de Rose, il me confessoit qu'en revenant à Paris, la violence d'une passion qu'il n'étoit plus capable de vaincre, lui avoit fait former la résolution de l'enlever; & qu'il devoit peut-être regarder sa mort comme le châtiment d'un projet d'autant plus détestable, qu'il pouvoit se flatter par les confessions de son rival, d'avoir obtenu d'elle une préférence dont il n'étoit pas digne avec de si criminels sentimens. Les Notaires qui avoient le double de l'acte qu'il m'envoyoit, devoient me venir trouver par son ordre, pour s'expliquer avec moi sur d'autres circonstances.

Après une tendre priere qu'il me faisoit de chérir sa mémoire, il me parloit en peu de mots du voyage qu'il avoit fait en Irlande à son retour d'Allemagne; & s'accusant d'imprudence dans quelques nouvelles qu'il avoit portées à Patrice, dont il avoit ignoré l'établissement, il me conjuroit de réparer le coup mortel qu'il avoit porté à son repos, & peut-être à celui de son épouse. Le Ciel me le pardonnera, ajoutoit-il; car cette malheureuse erreur n'a pas été volontaire. Il finissoit par le dernier adieu.

Quel surcroit de trouble & de douleur ne ressentis-je point après cette lecture! Chaque ligne avoit été comme une source de vapeurs empoisonnées, qui avoient mis toutes mes idées & tous mes sentimens dans une confusion inexprimable. Je voulois recommencer cette fatale lettre, pour trouver quelque jour dans de si épaisses ténebres; mais croyant néanmoins que les circonstances présentes m'obligeoient de faire tout céder aux devoirs de l'amitié, je continuai d'ouvrir le premier papier qui se présenta. Ma surprise &

ma confusion augmenterent encore, en y reconnoissant un acte testamentaire, par lequel des Pesses faisoit à ma sœur une donation absolue de tout son bien. N'ayant point de Parens assez proches, disoit-il en forme d'introduction, ni assez pauvres pour lui faire préférer les devoirs du sang à ceux de l'amitié, de la reconnoissance & de l'estime, il instituoit pour son héritiere universelle, &c.

Où suis-je ? m'écriai-je. Quel torrent de difficultés & de peines vient fondre sur moi dans un même jour ! Quelle contradiction dans les coups de la fortune ! Ou plutôt, repris-je en adorant les conseils d'une Providence incompréhensible, que de sujets ! ô mon Dieu, d'admirer la profondeur de vos dispositions ! Mais où votre dessein est-il de nous conduire par des voyes si supérieures à notre vaine prudence ? C'est par vous, cher & vertueux ami, continuai-je, c'est par vous rendre les devoirs de l'estime & de la reconnoissance qu'il faut commencer. La nuit est trop avancée, dis-je au laquais qui attendoit mes ordres, pour exécuter quelque résolution avant le jour. Allez-en passer le reste auprès de votre cher Maître; & comptez sur une récompense proportionnée à votre attachement. Je le fis accompagner d'un homme de confiance, que je chargeai de régler pour cette nuit, tout ce que la décence & l'usage demandoient auprès du Mort ; & je leur promis d'y être le lendemain pour faire les choses avec plus d'ordre.

Je ne revenois pas de ce mélange de mouvemens qui s'étoient succédés au fond de mon cœur dans un espace si court. Je me retirai seul dans mon cabinet, où mon premier soin fut de conjurer le Ciel par une ardente prière, d'accorder à des Pesses dans une meilleure vie, le centuple du bonheur qu'il avoit crû perdre en quittant celle-ci. Ses autres papiers contenoient des éclaircissemens sur différentes parties de ses biens. Mais je revins aussi-tôt à sa lettre, que je relus avec une nouvelle ardeur. Au milieu de la pitié que chaque mot me renouvelloit pour son sort, combien les avertissemens obscurs qui regardoient ma sœur & Patrice, ne me causerent-ils point d'allarmes ? Une autre inquiétude vint me surprendre à mesure que je pesois ses termes. Il s'étoit persuadé sur quelques expressions entendues à son avantage, que Rose étoit devenue plus sensible pour lui. C'en étoit assez pour me faire reconnoître Mylord Linch dans son meurtrier; mais n'en devois-je pas conclure aussi, que si cette flateuse pensée l'avoit porté à se battre contre un rival furieux, qui avoit comme entrepris de le punir du bonheur qu'il lui permettoit de s'attribuer, elle avoit été aussi le principal motif du don qu'il faisoit à ma sœur de tout son bien ? Et pouvoit-elle profiter honnêtement de son erreur ? C'étoit moins un scrupule de conscience que d'honneur : mais j'avois toujours eu pour principe que ces deux sentimens bien entendus sont liés plus étroitement qu'on ne pense ; ou du moins que dans tous les cas où ils ne sont point opposés, la loi de l'honneur est aussi indispensable que celle de la conscience. J'étois dans cette agitation de sentimens, livré successivement à l'un ou à l'autre, & trop dominé encore par mon imagination pour y mettre plus d'ordre, lorsqu'on m'avertit qu'une personne inconnue demandoit à me voir. Il étoit plus de neuf heures, & la nuit étoit obscure. Je balançai quelque tems à recevoir une visite si peu mesurée ; mais au moment que j'allois la refuser, on entra brusquement dans ma chambre, & cet Inconnu dont la hardiesse me causa d'abord quelque épouvante étoit le Comte de S...

Il portoit une perruque & un habit qui le déguisoient ; ce qui ne m'empêcha point de le remettre aussi-tôt. Après m'avoir prié de faire écarter tout ce qui pouvoit nous entendre, il se jetta à mon cou & me tint long-tems embrassé. Mon ardeur, me dit-il, céde pendant le jour à la bienséance ; mais rien n'est capable de la modérer lorsqu'elle peut se satisfaire avec honneur. Me reconnoissez-vous ? ajouta-t-il dans le même transport. Etes-vous résolu d'accorder quelque chose à mon cœur ? Verrai-je la charmante Rose ? Lui permettrez-vous de m'aimer ? Elle n'a pas attendu mon consentement, répondis-je en l'embrassant à mon tour, & je la trahis volontiers pour vous apprendre qu'elle auroit eu quelque chose à souffrir, si ses inclinations eussent été réprimées trop long-tems par son devoir. Mais que vous êtes ici à propos, continuai-je ! Dans la peine où je suis, quel besoin n'avois-je point de la consolation & du conseil d'un honnête homme ? En effet l'opinion que j'avois de cet aimable Comte, & le penchant qui me portoit à l'aimer, m'avoient fait regreter dans mes agitations de ne pouvoir lui faire l'ouverture d'une partie de mon embarras. Il ne me restoit pas le moindre doute de la sincérité de ses sentimens. L'intérêt de ma sœur devenoit le sien. Son secours étoit une ressource sur laquelle j'avois déja compté. Ne trouvant rien d'ailleurs dans sa visite qui ne dût porter le nom d'un honnête empressement, je résolus de lui ouvrir mon cœur.

Vous verrez Rose, repris-je après avoir paru rêver un moment ; vous la verrez aussi-tôt que les loix de l'usage vous permettront de faire éclater les sentimens que vous avez pour elle. Votre impatience ne seroit pas juste si elle vous faisoit trouver ce terme trop long. Mais, ajoutai-je avec le même air d'inquiétude, qu'il seroit à désirer pour elle que vous pûssiez la voir plutôt ! Elle est dans un péril dont je tremble, & je ne serai rassûré qu'en la voyant à vous. Je n'exagérois point mes craintes en les représentant si vivement. La nouvelle attention que j'y faisois, pour les expliquer, les augmentoit jusqu'au point que me souvenant d'avoir rencontré Mylord Linch aux environs du Couvent, plein sans doute de la même fureur qui venoit de lui faire tremper ses mains dans le sang, & cherchant à la satisfaire par d'autres entreprises, j'appréhendois que la nuit ne se passât point sans quelque violence éclatante. Pour expliquer mes défiances au Comte je ne pus me dispenser de lui apprendre les anciennes prétentions de deux rivaux qui avoient aspiré inutilement au cœur de Rose, & la malheureuse fin de des Pesses, avec les derniers effets de son amour & de sa générosité. Je ne lui nommai point Mylord Linch, dont ma Profession ne m'auroit pas permis d'être comme le délateur; mais peignant cet étrange caractére tel que je le connoissois, je lui confessai que nous avions peu de repos à espérer, si nous ne trouvions le moyen d'écarter un homme si dangereux, ou de dérober ma sœur à ses poursuites.

L'inquiétude & l'étonnement du Comte s'étoient déclarés pendant tout mon discours, mais ils ne venoient point de la cause que je croyois capable de les exciter. Une violence telle que vous paroissez la craindre, me dit-il, est impossible dans nos Couvens. Quoiqu'une troupe de femmes timides, ne soit pas capable de beaucoup de résistance, il faudroit du canon pour forcer leurs murs & leurs grilles ; c'est tout ce qu'on pourroit se promettre avec la certitude d'être secondé au-dedans, & ces intelligences ne peuvent être l'ouvrage d'un jour. Cependant, ajouta-t-il, comme elles pourroient être pratiquables à la longue, je pense comme vous qu'il y a des mesures à prendre pour les prévenir. J'ai à quelque distance de Paris un Château écarté, & défendu par un fossé fort large, où vous pourriez-vous retirer avec votre sœur jusqu'au moment qu'il vous plaira de marquer pour mon bonheur. Mais, reprit-il avec un soupir, en rappellant ce qui l'avoit beaucoup plus touché que mes craintes ; que m'avez-vous appris, & que n'ai je point à craindre de ce riche héritage, qui va plus occuper Rose que le soin de répondre à ma tendresse ? De combien d'avantages suis-je privé tout-à-la-fois ? Je ne serai donc pas le seul à qui elle devra le changement de sa fortune ? Je ne serai pas le premier qui lui aura fait une condition douce & heureuse ? Elle aura reçû d'un autre, des bienfaits qui l'obligeront à partager sa reconnoissance, & qui me déroberont quelque chose des sentimens de son cœur. Heureux rival !

J'envie cette mort qui lui assure des droits que je vais perdre. Là-dessus il me proposa de garder pour mes freres, ou pour moi-même, l'héritage de des Pesses, & de cacher même à ma sœur la disposition qui étoit faite en sa faveur. Je m'en défendis, en lui représentant que ce seroit nous rendre coupables d'un vol manifeste. Restituez donc ce bien, me dit-il, aux légitimes héritiers, à qui le Mort ne l'a peut-être pas ravi sans injustice. Je n'ai pas examiné, répondis-je, si des Pesses ne s'est écarté d'aucune loi ; mais cette discussion m'appartient moins qu'à ma sœur, & le droit de jouir ou l'obligation de restituer tombe uniquement sur elle.

J'avois regardé d'abord ces deux propositions comme un badinage, & malgré les circonstances qui ne me portoient point à la joye, je n'avois pas prétendu répondre plus sérieusement. Mais il m'ouvrit aussi-tôt un troisiéme expédient sur lequel il insista avec tant de chaleur, que je n'eus pas peu d'embarras à me défendre. Remettez-moi l'acte de donation, me dit-il, & que ce secret demeure entre nous. Je la ferai valoir au nom de votre sœur, & je me mettrai en possession de tout ce qu'on lui a laissé. Elle l'ignorera long-tems, & mon deſſein étant de lui remettre moi-même tout ce que je poſſéde, je n'aurai rien qui s'oppoſe dans ſon coeur à cette tendreſſe ſans réſerve que je veux mériter par la mienne. En vain combattis-je encore ce caprice par toutes ſortes de raiſons. Il fallut entrer dans une partie des ſiennes, en lui promettant du moins de n'apprendre à Roſe qu'après ſon mariage, les obligations extraordinaires qu'elle avoit à des Peſſes. Ainſi, par un ſort des plus bizarres, avec les deux avantages les plus flatteurs qu'elle pût déſirer, celui de ſe trouver riche tout d'un coup, & d'être à la veille d'épouſer un amant chéri, elle étoit condamnée à les ignorer.

Cependant le Comte m'ayant renouvellé l'offre de ſon Château, je ne crus point que la bienſéance eut la même force que je lui avois trouvée dans d'autres tems pour me faire rejetter les mêmes propoſitions; & je n'avois pas deſſein, en les apprenant à ma ſoeur, de lui cacher plus longtems le ſuccès de ſes tendres ſentimens. L'ardeur du Comte, qui faiſoit déja le calcul du tems & des jours, m'accoutuma dans peu de momens à parler de leur mariage, comme s'il n'y eut manqué que la célébration.

Je ne condamnai que le désir qu'il marqua de nous conduire lui-même à sa Terre. Non, lui dis-je, il suffira que vous nous donniez pour guide un Domestique fidéle. Je lui demandai deux jours pour rendre les derniers devoirs à des Pesses, & pour d'autres arrangemens que je voulois prendre à Paris. Enfin la longueur de cet entretien le faisant penser à se retirer, nous nous embrassâmes avec toute la tendresse dont nous venions de cimenter les nœuds ; & s'il emporta la satisfaction de croire son bonheur hors d'atteinte, il me laissa celle de m'applaudir plus que jamais de la fortune de Rose, qui me paroissoit sûrement établie.

Il me restoit assez d'autres inquiétudes pour ne pas compter sur un sommeil fort tranquille ; ainsi je ne cherchai pas plus loin la cause d'une insomnie cruelle dont je fus agité pendant toute la nuit. Cependant je n'ai pû me rappeller dans la suite ce trouble extraordinaire de mon sang & de tous mes esprits, sans m'imaginer que le Ciel avoit voulu m'avertir par une espéce de châtiment sensible, que je prenois trop de confiance aux mesures de la prudence humaine, & que je touchois à des circonstances bien différentes de celles dont je croyois m'être assûré. Mais les embarras qui me tinrent occupé les deux jours suivans, ne m'ayant point permis de tourner mes réflexions de ce côté-là, j'allai donner directement dans le précipice que je croyois éviter.

Dès le matin je me rendis auprès du corps de des Pesses, que je trouvai déja disposé à recevoir les honneurs de la sépulture. Son malheur ayant passé, par le soin qu'il eut lui-même d'en parler d'une maniere équivoque, pour une avanture imprévûe, qui avoit moins fait naître le soupçon d'un duel que d'un assassinat, on n'avoit point fait de recherches qui m'eussent obligé de prendre d'autres précautions ; c'étoit par le conseil de son Confesseur & des deux Notaires qui l'avoient assisté, qu'on l'avoit laissé dans la Paroisse où il étoit mort, plutôt que de le transporter dans celle où il avoit son logement. Ils avoient craint que le bruit & l'éclat ne fissent naître plus de curiosité. J'entrai dans les mêmes vûes pour le lieu de son enterrement. Le riche présent qu'il avoit fait à ma sœur eut moins de part aux honneurs que je lui fis rendre, qu'un sentiment d'estime & d'amitié, indépendant de l'intérêt, & que j'avois toujours crû devoir à sa personne autant qu'à ses services.

Les Notaires me rendirent compte de ce qu'ils avoient exécuté la veille par ses ordres. Ils avoient fait mettre le scellé au nom de ma sœur, sur tout ce qui lui appartenoit à Paris; & ils me proposerent de l'aller lever sur le champ, pour mettre à couvert chez moi, non seulement ses papiers & ses meubles, mais quelques sommes considérables qu'ils avoient trouvées dans son cabinet. Cette démarche semblant demander la participation de Rose, ce fut une difficulté sur laquelle j'eus de la peine à me déterminer. Outre la promesse que j'avois faite au Comte de S..., j'avois toujours mes scrupules d'honneur, que j'étois résolu d'éclaircir avant que de faire valoir les droits de ma sœur. Je remis les Notaires au lendemain, dans l'espérance que les conseils de Georges, à qui je voulois rendre ma visite avant la fin du jour, & que je connoissois plus propre à décider une question d'honneur qu'un point de Religion & de conscience, serviroient à fixer mes incertitudes. Je lui devois aussi la communication du mariage de Rose; & ne m'étant fait violence depuis plus de quinze jours pour me priver de le voir, que dans le seul dessein de me délivrer de tous mes doutes avant que de l'informer d'une si heureuse nouvelle, je me flatois de la faire servir à rétablir l'union & la paix dans notre famille.

Mais ce soin me parut encore moins pressant que celui de préparer Rose à changer de demeure, & de lui donner tous les éclaircissemens que son cœur attendoit pour être heureux. Il y auroit eu de la dureté à la tenir trop long-tems dans une ignorance qui pouvoit m'être reprochée, non seulement par elle-même, mais par son amant, à qui je ne devois pas dérober des sentimens dont il étoit si jaloux. Il ne se défioit pas que ma lenteur eût si mal répondu à son impatience; & la maniere dont je m'étois expliqué la nuit précédente, n'avoit pu lui faire naître ce soupçon. Je m'étois apperçu au contraire, que la modération de ses désirs, venoit de la persuasion où il étoit que ma sœur connoissant toute son ardeur & l'heureux changement de sa situation, elle lui tenoit compte du sacrifice qu'il faisoit à la bienséance. C'eût été les tromper tous deux, que de les priver sans raison d'une satisfaction si innocente. Je me rendis au Couvent de Rose pour me satisfaire moi-même, en contribuant de tout mon pouvoir au bonheur de deux amans sans reproche.

Par quelles lumieres aurois-je pû prévoir que j'allois leur causer plus de mal, que je ne pensois à leur procurer de plaisir ? C'est ici, que sans suivre l'ordre de mes connoissances, je dois dévoiler tout d'un coup ce qui fut longtems caché pour moi-même, une horrible trahison qui répandroit trop d'obscurité dans la plus intéressante partie de cette Histoire, si je remettois à l'expliquer lorsque la pitié du Ciel me la fit pénétrer, c'est-à-dire, après les tristes effets qu'elle produisit. Ceux qui auroient perdu de vûë Mylord Linch, ou qui s'imagineroient que la terreur de son crime devoit lui faire abandonner Paris, auroient pris une idée trop favorable de ce furieux Irlandois. Rassuré par sa hardiesse & son obstination, plutôt que par des mesures sur lesquelles il devoit peu compter, il s'étoit contenté de changer de logement ; & il ne pensoit qu'aux moyens de recueillir le fruit de son aveugle cruauté. Toutes sortes de raisons lui ôtant la penfée de se présenter à moi, ma rencontre l'avoit embarrassé la veille ; & j'avois satisfait ses desirs autant que les miens, en prenant une autre rue pour l'éviter. Mais l'occasion qu'il avoit eue de me voir sortir du Couvent, où il s'imagina bien que j'allois tous les jours, & le souvenir qu'il avoit conservé de la situation du Parloir, depuis qu'il y avoit conduit Rose avec moi, lui firent naître une idée dont l'exécution ne lui fut que trop facile. En attendant qu'il trouvât des ouvertures pour ses autres desseins, il résolut d'approfondir les nôtres, en se procurant le moyen d'entendre nos entretiens. Une somme médiocre lui servit à corrompre les domestiques extérieurs du Couvent ; & sous les prétextes qu'il lui plut d'employer, il obtint d'eux la liberté de se cacher le lendemain dans le Parloir, vers le tems que les usages du Cloître m'obligeoient de prendre ordinairement pour mes visites. Un Paravent qui étoit à quelques pas de la Grille, favorisoit son artifice. Il étoit derriere, lorsque j'arrivai ; & dans une situation si commode, il ne pouvoit lui échapper un seul mot de nos discours.

Le cœur plein de tout ce que je venois apprendre à ma sœur, & sans défiance dans un lieu que j'avois pris pour le sanctuaire du secret, je ne pus manquer de mettre beaucoup de tendresse & d'ardeur dans mes expressions. Je n'attendis point que Rose cherchât dans mes yeux ce qu'elle devoit espérer de mes dernieres promesses. Si tout ce que vous avez désiré, lui dis-je, vous suffit pour être heureuse, il ne doit rien manquer à votre satisfaction. Les obstacles cessent; vous êtes libre d'aimer, sûre de plaire, & je ne demande plus d'autre modération dans vos sentimens que celle qui doit les soumettre au Ciel, de qui vous recevez tout-à-la fois tant de faveurs. Ne m'interrompez pas, repris-je, en voyant que sa joye cherchoit à s'exprimer. Je vous annonce un bonheur dont je suis surpris moi-même, & qui mérite bien d'être expliqué. Votre Inconnu se nomme le Comte de S... : sa naissance est distinguée, son bien considérable, & ses sentimens tels que sa conduite vous les a fait connoître. Il brûle de vous voir à lui, & votre mariage seroit célébré demain, si des raisons, que nous devons approuver, ne le forçoient encore à quelque retardement. Je continuai d'ajouter tous les témoignages que je croyois devoir au mérite & à l'empressement du Comte; & loin de condamner le désordre modeste où chaque mot paroissoit jetter Rose, je la louai d'être sensible à l'inclination d'un homme si aimable & si vertueux.

C'étoit ma propre reconnoissance qui conduisoit ma langue. Si l'on se représente le ton d'un discours animé par un motif si tendre, & celui des réponses de Rose, qui m'ouvrit aussitôt son cœur avec la confiance qu'on a pour un frere dans lequel on trouve un ami & un confident, on concevra sans peine que non-seulement il ne put échapper à Mylord Linch une seule de nos expressions, mais que dans le cours d'un entretien si animé, les justes plaintes que nous fimes de sa barbarie furent recommencées plus d'une fois avec autant d'amertume que de chaleur. Il dévora tout. Sa curiosité, plus forte que son ressentiment, s'enflammoit à mesure que je communiquois mes résolutions à ma sœur. Elle fut enfin remplie par l'explication du projet que j'avois formé avec le Comte. Il n'en perdit pas une circonstance, & les moyens par lesquels je m'étois flatté d'éviter ses persécutions, devinrent ainsi comme le plan sur lequel il forma ses propres desseins. J'avertis Rose de se tenir prête à partir le lendemain au soir dans un carosse de son amant. Avec les précautions que j'ai prises, lui dis-je, n'appréhendez plus rien de votre persécuteur. Il ignorera jusqu'à la route qui va nous éloigner de lui, & sur la peinture que le Comte m'a faite de sa maison de campagne, je vous y promets autant de tranquillité que d'agrément. Le furieux Linch ira vous chercher sans doute en Irlande; mais il me rendra graces un jour de son erreur, si elle sert à le sauver ici du supplice. Vous ne me reverrez, ajoutai-je, que demain vers la fin du jour. Ne vous ouvrez à personne, & disposez seulement vos compagnes à vous voir partir sans surprise. Je laissai Rose si satisfaite de cet entretien, que j'emportai moi-même une vive impression de sa joye, & toutes mes occupations s'en ressentirent jusqu'à l'heure où je lui avois promis de la rejoindre.

Fin de la II. Partie.

www.ingramcontent.com/pod-product-compliance
Lightning Source LLC
Chambersburg PA
CBHW060133170426
43198CB00010B/1141